선생님이 만든

좔좔 글읽기

....

3권 시, 옛이야기

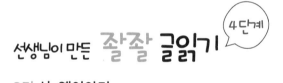

선생님이 만든 좔좔 글읽기 4단계

3권 시, 옛이야기

초판 1쇄 2019년 5월 15일
초판 2쇄 2024년 3월 4일

지은이 서울경인특수학급교사연구회

펴낸이 방영배
디자인 신정난
펴낸곳 다음생각

주소 경기도 고양시 일산동구 중앙로 1261번길 19 호수광장빌딩 204호
전화 031-903-9107 **팩스** 031-903-9108 **이메일** nt21@hanmail.net
출판등록 2009년 10월 6일 제 2019-000144호
인쇄 온크씨엔피 **종이** 월드페이퍼
ISBN_(전 4권) 978-89-98035-43-3 (64700)

책이 나오기까지

〈서울경인특수학급교사연구회〉는 통합교육과 특수교육의 여건이 제대로 마련되지 않았던 90년대 초에 서울, 경기, 인천의 초등학교 특수학급 교사들이 모인 이래 지금까지 계속되고 있는 연구 모임입니다. 그동안 함께 모여 공부하고 올바른 교육의 방향에 대해 고민하면서 새로운 통합 프로그램 등을 만들어 보급해 왔습니다. 어떻게 하면 좋은 수업을 할 수 있을지 연구하여 여러 가지 수업 자료를 개발하기도 했습니다. 『선생님이 만든 좔좔 글읽기』도 이런 고민과 연구 과정을 거쳐 나온 책입니다.

읽기를 배우는 데 오랜 시간이 걸리는 아이들의 경우 좋은 교재와 다양한 방법으로 가르쳐야 함에도 마땅한 자료와 프로그램이 없어 고민이 많았습니다. 그래서 연구회 교사들은 2010년부터 국어 교육에 관한 연수를 들으며 국어 교육과정을 분석하고 국어의 각 영역별 목표 체계를 정리했습니다. 회원들이 각자의 국어 수업 사례를 발표하며 좋은 국어 수업 방법에 대해 고민한 끝에 2012년에 읽기 이해력 향상을 위한 자료를 만들었습니다. 총 25명의 현장 교사들이 직접 글을 쓰고, 읽기 이해 문제와 관련 활동지를 만들었습니다. 이 읽기 교재를 수업에 활용해 보니 아이들이 흥미 있게 수업에 참여하고 독해력이 향상되는 것을 알 수 있었습니다. 그동안 아이들에게 맞는 자료를 일일이 수정해 만드느라 애썼던 선생님들도 이 자료를 활용해 훨씬 수월하게 활동적인 수업을 할 수 있었다고 합니다.

이 책을 출판하기까지 많은 시간과 노력이 필요했습니다. 그 과정에서 여러 사람들에게 도움을 받았습니다. 덕원예고에서 미술을 전공하는 학생들이 약 1,200컷의 그림을 정성껏 그려 주어 책의 내용이 더욱 풍부해졌습니다. 그리고 도서출판 〈다음생각〉에서 의미 있는 결정을 내려 준 덕분에 이 책이 만들어질 수 있었습니다. 자원봉사로 수고해 준 덕원예고 학생들과 편집 작업에 애써 준 〈다음생각〉 출판사 분들께 깊은 감사를 드립니다.

여러 아이들의 다양한 특성에 맞는 단 하나의 교재란 있을 수 없습니다.
다만 『선생님이 만든 좔좔 글읽기』가 특수학급, 특수학교, 또 다른 교육 현장에서 국어 수업을 좀더 풍요롭게 할 수 있는 자료가 되면 좋겠습니다. 아이들이 이 책으로 재미있게 공부할 수 있기를 바랍니다.

서울경인특수학급교사연구회

책의 특징

우리나라 아이들은 일찍부터 한글을 배우기 시작하여 초등학교에 들어가기 전에 이미 글을 줄줄 읽는 경우가 많습니다. 이를 반영하듯 초등학교 국어 교과서는 처음에 낱자 학습 및 단어 읽기를 다루다가 난이도가 급격히 높아집니다. 1학년 1학기 말쯤 되면 실제로 10문장 이상의 긴 글을 읽을 수 있어야 수업을 따라갈 수 있습니다. 한글을 깨치지 못한 상태로 입학하는 아이들의 경우 국어 수업에서 어려움을 겪을 수밖에 없습니다. 따라서 이제 막 문장 읽기를 시작하여 글을 유창하게 읽고 이해하는 데까지 많은 시간이 걸리는 학생들의 특성을 고려한 적합한 교재가 필요합니다.

이 교재는 학생의 연령에 맞는 좋은 문장으로 학습자의 속도에 맞게 읽기 이해력을 높일 수 있도록 개발하였습니다. 읽기를 배우는 데 오래 걸리는 아이들도 좋은 글을 읽고, 글에서 정보를 얻고, 글을 읽는 즐거움을 느낄 수 있게 하고자 합니다.

1. 짧은 글을 읽고 내용을 이해할 수 있도록 다양한 활동으로 구성했습니다. 문장 읽기 수준에 있는 학생들은 누구나 이 책으로 독해 공부를 할 수 있습니다. 특수학급이나 특수학교에 재학하는 초·중·고 학생, 읽기에 어려움을 가지고 있는 학습 부진 학생, 한글을 배우기 시작하는 다문화 학생이나 재외교포를 대상으로 하는 한글교실에서도 사용할 수 있습니다.

2. 각 단계는 읽기 이해의 수준별로 분류해 제작하였습니다. 1단계의 목표는 1~2문장을 읽고 이해하는 것이며 마지막 4단계의 목표는 글의 구조를 이해하는 것입니다. 단계에 따라 글의 길이, 문장과 어휘의 난이도, 질문의 난이도가 높아집니다.

3. 다양한 종류의 글을 접하도록 제시하였습니다. 생활글, 실용적 정보를 주는 글, 문학 작품(시, 이야기), 노랫말, 일기, 설명글 등 다양한 글을 통해 읽기 이해력을 높이도록 하였습니다. 초등국어교육과정의 목표와 내용체계를 고려하였고 초등교육과정에서 다루는 주제를 선정하여 교사들이 직접 글을 썼습니다. 그림책이나 시와 같은 문학 작품을 선정한 경우에는 전문을 제시하여 학생들이 문학 작품 전체를 느끼도록 하였습니다. 실생활에서 정보를 주는 글을 바로 읽고 활용할 수 있도록 실용글 읽기를 제시했습니다.

4. 읽기 이해 능력을 중심으로 접근하지만 듣기, 말하기, 쓰기를 함께 배울 수 있도록 다양한 활동을 제시하였습니다. 읽기 이해 능력은 읽기 기술만을 따로 가르치는 것에 의해 향상되지 않으며 다른 영역과 총체적으로 접근하는 것이 바람직하기 때문입니다. '글마중, 신나는 글읽기, 이야기 돋보기, 낱말 창고, 우리말 약속, 뽐내기'라는 꼭지를 두어 활동적인 수업이 되도록 제시하였습니다.

5. 읽기를 천천히 배우는 아이들의 특성을 고려하여 충분히 공부할 수 있도록 단계를 세분화하였습니다. 학생들의 연령과 특성에 맞게 선택하여 제시할 수 있도록 같은 수준의 자료를 다양하게 준비하였습니다.

책의 구성

'글마중'에는 배워야 할 전체 본문을 제시했습니다. 읽기가 서툴러 짧은 글을 읽는 아동이라 하더라도 국어 교육 목표에 따라 문학 작품 등을 부분만 제시하는 것은 바람직하지 않습니다. 아직 술술 읽는 것이 어렵지만 읽기를 재미있게 받아들일 수 있도록 완성도 있는 짧은 글을 그림과 함께 제시하였습니다.

'신나는 글읽기'에서는 본문의 내용을 쉽게 파악할 수 있도록 글에 관련된 여러 활동을 제시하였습니다. 다양한 방법으로 읽기, 그림으로 전체 내용 파악하기, 내용과 관련된 듣기·말하기 활동 등으로 구성되어 있습니다. 이 꼭지를 통해 아이들은 읽기 활동을 재미있게 느낄 것입니다.

'이야기 돋보기'는 문장의 구조를 활용하여 내용을 파악하기 위한 반복적인 연습문제로 구성되어 있습니다. 본문의 문장을 나누어 제시하고 글의 내용에 관한 질문에 답하도록 문제를 제공하였습니다. 단계에 따라 문장의 길이, 문제의 난이도, 단서 수준, 답을 쓰는 방법을 달리하였습니다.

'낱말 창고'에서는 본문에 있는 낱말 중 어려운 낱말을 선정하여 낱말 뜻 익히기나 쓰기 활동, 맞춤법, 어휘 관련 활동을 제시하였습니다. 본문의 낱말과 관련된 여러 어휘를 제시하여 어휘력 향상을 꾀하였습니다.

'뽐내기'는 본문과 관련된 다양한 쓰기와 표현 활동으로 구성하였습니다. 반복적인 쓰기 연습만으로는 아이들 스스로 쓰기 표현을 즐길 수 없습니다. 글마중의 내용과 관련된 쪽지도 쓰고, 그림도 그리고, 만들기도 하면서 쓰기를 즐겁게 느낄 것입니다. 1단계에서 문장 완성하기부터 시작하여 마지막 단계에서는 글의 주제와 종류에 따라 글을 쓰는 방법까지 다루게 됩니다.

'우리말 약속'에서는 아이들이 익혀야 하는 말본지식(문법)을 이해하기 쉽게 제시하고 반복 연습을 통해 익히도록 합니다. 자모음 체계 익히기, 품사와 토씨(조사) 등의 문장구조 익히기, 어순대로 쓰기, 이음말(접속사) 익히기 등 말본지식을 활용할 수 있도록 다양한 활동을 제시합니다.

책의 꼭지 활용 방법

● 〈글마중〉에 나온 글을 다양한 방법으로 읽게 해 주세요. 적당한 속도로 정확하게 읽을 수 있어야 글의 내용을 이해할 수 있습니다. 문장을 읽기 시작한 아이들의 경우 소리 내어 읽는 것은 매우 중요합니다. 자기가 읽은 것을 들으며 읽은 내용을 이해하기 때문입니다. 눈으로 읽은 것을 바로 이해하는 묵독을 할 수 있는 단계가 되기 전까지는 다양한 방법으로 소리 내어 읽는 활동을 많이 해 보는 것이 좋습니다. 읽기의 유창성과 정확도를 높이면 읽기 이해력도 향상됩니다.

읽어 주는 것 듣기, 교사가 한 문장이나 한 구절씩 읽으면 따라 읽기, 중요한 단어나 구절만 따로 읽기, 입 맞추어 함께 읽기, 구절 나누어 읽기, 번갈아 읽기, 돌아가며 읽기, 혼자 읽기 등의 방법을 활용하면 좋습니다. 아이가 읽은 것을 녹음해 다시 듣게 하거나 친구와 서로 읽어 주는 방법도 동기 유발에 좋습니다.

● 〈신나는 글읽기〉와 〈뽐내기〉는 표현 활동이므로 학습지만 활용할 것이 아니라 실제 활동을 통해 익히도록 해 주세요. 노래를 함께 부르고, 동작을 만들어 보세요. 주제와 관련하여 말하기, 동작, 음률, 미술, 몸짓, 놀이 등 다양한 표현 활동과 연계하여 활동적인 수업을 해 보세요. 이렇게 통합적으로 접근하면 아이들의 자유로운 표현 능력이 향상되고 흥미 있게 참여할 것입니다. 다양한 활동을 통해 자연스럽게 말하기, 쓰기 표현 능력이 향상될 수 있도록 연계하여 지도할 수 있습니다.

● 〈이야기 돋보기〉는 이해 목표에 따른 반복 활동으로 연습을 할 수 있게 되어 있습니다. 문장 단서와 그림 단서를 활용하는 방법을 알려 주세요.

지도 교사 도우미

● 〈꼭지별 내용 체계〉는 주제에 관한 꼭지 구성이 어떻게 되어 있는지 한눈에 볼 수 있도록 표로 정리되어 있습니다. 수업 계획을 세울 때 활용하거나 평가할 때 체크리스트로 사용해도 좋을 것입니다.

● 〈좀 더 활용해 보세요〉는 각 권에서 다루고 있는 글의 종류를 가르치는 방법이나 참고사항 등을 정리했습니다.

4단계 1권 〈실용글〉	실생활에 도움이 되는 기능적 읽기 지도
4단계 2권 〈일기, 생활글〉	차근차근 시작하는 생활글 쓰기
4단계 3권 〈시, 옛이야기〉	시와 친해지기
4단계 4권 〈설명글, 주장글〉	읽기 이해력을 향상시키기 위한 어휘 지도

● 선생님께 한마디 에는 교사가 참고할 만한 지도 방법을 학습지 하단에 제시했습니다.

4단계의 목표와 내용 구성

★ 4단계는 글의 종류에 따라 4권의 책으로 엮었습니다.
- 4단계 1권은 주변 생활에서 흔히 볼 수 있는 광고, 안내문, 설명서 등 실용글로 구성했습니다.
- 4단계 2권은 일기와 생활글로 구성했습니다.
- 4단계 3권은 시와 옛이야기로 구성했습니다.
- 4단계 4권은 설명글과 주장글로 구성했습니다.
★ 4단계의 목표는 다음과 같습니다. 단, 제시 방법에 따라 목표를 조정할 수 있습니다.
- 읽기 : 7~10문장 이상의 짧은 글을 읽고 내용을 파악할 수 있다.
　　　　한 문단 이상의 글을 읽고 주요 내용과 글의 구조를 파악할 수 있다.
- 듣기·말하기 : 주제에 맞게 주요 내용을 말하고 자신의 의견을 말할 수 있다.
　　　　바른 어법으로 새로운 어휘를 익혀 바르게 사용할 수 있다.
- 쓰기 : 주제에 맞게 간단한 생활글을 스스로 구성해 쓸 수 있다.
- 문학 : 글을 읽고 주요 정보를 얻고 글쓴이가 말하고자 하는 바를 파악할 수 있다.
　　　　문학작품을 읽으며 즐거움을 느끼고 다양한 작품을 선택해 읽을 수 있다
- 문법 : 철자규칙, 문장부호, 문장호응관계에 맞게 쓸 수 있다.
　　　　문장을 자세히 쓰는 방법을 알고 이음말을 바르게 쓸 수 있다.

전체 구성	1권 〈실용글〉	2권 〈일기, 생활글〉	3권 〈시, 옛이야기〉	4권 〈설명글, 주장글〉
글마중	글마중에 실려 있는 본문은 7~10문장 이상의 짧은 글로 제시하였습니다. 1권은 실제 흔히 볼 수 있는 안내문, 광고, 매뉴얼에서 정보를 얻는 방법을 배우는 것에 초점을 두었습니다. 2권은 실제 아이들이 쓴 다양한 일기와 생활글을 제시하여 간단한 생활글을 주제에 맞게 쓸 수 있도록 했습니다. 3권은 시와 옛이야기를 통해 문학의 즐거움을 느끼도록 했습니다. 4권은 다양한 주제의 설명글을 제시해 주요 내용과 글의 구조를 파악하도록 했습니다. 또한 짧은 주장글을 통해 주요 의견과 근거를 찾는 방법을 익히도록 했습니다.			
신나는 글읽기	본문의 전체 내용을 표에 채워 써 봄으로써 글의 내용을 파악하도록 했습니다. 글과 관련된 사전 지식, 관련활동을 재미있게 제시했습니다.			
이야기 돋보기	글마중의 본문을 한 문단 이상이나 전체로 제시하고 주요 내용에 관한 질문에 스스로 답하도록 했습니다. 글의 구조를 파악하도록 다양한 이해 전략을 제시했습니다.			
낱말 창고	본문에 나오는 기본 어휘나 기본 어휘와 관련된 새로운 어휘를 확장해 익히도록 했습니다.			
우리말 약속	1권에서는 철자규칙에 맞게 바르게 쓰기를, 2권에서는 문장부호와 문장종류, 높임말쓰기, 문장호응, 고쳐쓰기를 3권에서는 구와 문장으로 자세히 표현하기(안은 문장 익히기), 4권에서는 이음말과 이어진 문장 쓰기를 배울 수 있도록 했습니다.			
뽐내기	아이들이 쓴 다양하고 재미있는 생활글을 접함으로써 생활글 쓰는 방법을 자연스럽게 배우도록 했습니다. 주제에 대해 쓰고 싶은 내용을 스스로 구성할 수 있도록 쓰기 전 활동을 제시했습니다.			

꼭지별 내용 체계

3권 시, 옛이야기

종류	주제	글마중	신나는 글읽기	이야기 돋보기	낱말 창고	뽐내기	더 읽어 봅시다
시	시는 노래예요	딱지 따먹기	⟨딱지 따먹기⟩ 노래 부르기	시 읽고 답하기	감정을 표현하는 말 익히기	딱지치기 노랫말 바꾸기	
		섬집 아기	시의 느낌과 어울리는 낱말 찾기	시 읽고 답하기 운율 알기		운율에 맞게 노랫말 만들기 노래로 만든 시집 만들기	
	시는 그림이에요	꽃씨	시에 어울리게 그림 그리기 시 외우기	시 읽고 답하기		시 바꿔 쓰기 시를 읽고 떠오르는 장면 그리기 두루마리 시화 만들기	
		개구쟁이 산복이	산복이의 모습을 상상하여 그리기	시 읽고 답하기	색을 표현하는 말 알기	주변 사람을 관찰하여 시 쓰기 사진을 보고 자세히 묘사하여 시 쓰기	
	시는 자연이에요	비가 온다 / 빗방울	마음에 드는 시를 골라 시화 만들기	시 읽고 답하기		시 바꿔 쓰기 다양한 소리 표현하기	- 닭 - 지렁이
		귀뚜라미와 나와 / 매미 / 콩벌레	마음에 드는 시 골라 쓰기	시 읽고 답하기	흉내 내는 말을 사용하여 실감 나게 표현하기	'곤충'에 관한 동시 쓰기 시집에서 자연에 관한 시 찾아 쓰기	
	시는 생활이에요	모래 맨 / 내비게이션	모래 맨의 모습을 상상하여 그리기	시 읽고 답하기	특징을 찾아 ○○맨으로 표현하기	나의 경험을 살려 시 바꿔 쓰기	- 말 - 힘센 층 - 엄마와 아빠 - 냄비 - 선생님은 움직이는 리모콘 - 소리도 참 - 아슬아슬 도미노
		급식당번 / 생각났다	시를 읽고 나의 경험 떠올리기 주인공이 어떻게 되었을지 상상해보기	시 읽고 답하기 산문과 시 읽고 비교하기		'학교'와 관련된 시의 글감을 찾고 시 쓰기	
	시는 내 마음이에요	봄봄봄 / 빨래줄 매 놓고	장면 상상하여 그리기	시 읽고 답하기 비유적 표현 알기	두 대상의 공통점을 찾고 비유적 표현으로 나타내기	비유할 대상을 생각해 보고 비유적 표현을 사용하여 시 쓰기	

종류	글마중	신나는 글읽기	이야기 돋보기	낱말 창고	뽐내기	우리말 약속
옛이야기	혹부리 영감	○, X 퀴즈	글 읽고 답하기 글에 나온 말이나 행동으로 인물의 생각 파악하기	관용어구 익히기	옛이야기 요약해 들려주기	관형사절이나 관형사구를 포함한 문장
	다섯 친구 이야기	○, X 퀴즈 다섯 친구 이름과 재주 쓰기	글 읽고 답하기 다섯 친구의 문제 해결책 쓰기	관용어구 익히기	다섯 친구 광고 꾸미기 뒷이야기 쓰기	부사절이나 부사절을 포함한 문장
	해와 달이 된 오누이	○, X 퀴즈 그림순서 찾고 이야기 꾸며 말하기	글 읽고 답하기 글에 나온 말이나 행동으로 인물의 성격 파악하기	관용어구 익히기	이야기 간추리기 대사 써보기 내가 주인공이라면 어떻게 할지 쓰기 인물이 다르게 행동 했다면 어떻게 되었 을지 상상하기	서술절이나 동사구, 형용사구를 포함한 문장
	방귀쟁이 며느리	○, X 퀴즈 그림순서 찾고 이야기 꾸며 말하기	글 읽고 답하기 글에 나온 말이나 행동으로 인물의 생각 파악하기	관용어구 익히기	옛이야기 요약해 들려주기	명사절이나 명사구를 포함한 문장
	설문대 할망	○, X 퀴즈	글 읽고 답하기 인물이 한 일의 원인과 결과 알아보기	관용어구 익히기	주인공 상상해서 그림 그리고 소원 적기 주인공에게 편지쓰기	

좀 더 활용해 보세요

✏️ 시와 친해지기

기억에 남는 시가 있나요? 시는 무엇이고, 왜 시를 읽을까요?

선생님들은 '시'를 떠올렸을 때 어떤 느낌이 드시나요? 혹시 '어렵다!'고 생각하시지는 않나요? 아마도 그것은 선생님들의 학창 시절에 경험했던 행과 연 나누기, 직유법, 은유법 찾기 등 분석적인 시 읽기의 영향 때문인지도 모릅니다. 하지만 우리가 시를 읽는 이유, 아이들에게 시를 읽어주고 싶은 이유는 시를 통해 지식을 얻는 것이 아니라 짧은 문장 속에 함축된 재미와 감동을 느끼게 해 주고 싶어서일 겁니다.

우리 아이들에게 시는 어떨까요? 본문 첫 페이지에 있는 강진영 선생님의 시 〈엉뚱한 기훈이〉 속 기훈이처럼, 어쩌면 우리 아이들은 시를 많이 접해보지 못했을지도 모르겠습니다.

① 시는 '노래'입니다.

시와 노래, 노래와 놀이는 본디 하나였다고 합니다. 노래와 놀이는 그 어원이 같지요. 운율이 있는 시는 함께 소리 내어 읽어야 맛을 느낄 수 있습니다. 소리 내어 시를 여러 번 읽다 보면 어느새 아이들은 시를 암송하게 되지요. 암송한 시는 아이들 마음에 깊이 남아 어느 순간 떠올리게 될 것입니다. 아이들의 생활이 담겨있는 시 노래를 매일 함께 부르는 것도 좋습니다.

② 시는 '그림'입니다.

시를 읽으면 자연스레 이미지가 떠오릅니다. 시는 소리와 장면을 보고 느낀 것을 언어라는 매개를 통해 이미지화한 것이기 때문입니다. 아이들이 이미지를 구체화하기 위해서는 시를 읽고 어울리는 그림을 그려 시화를 완성하거나, 반대로 그림을 보고 시를 써 보는 활동이 좋습니다. 그림 그리기가 어렵다면 사진이나 잡지 등을 이용하여 좀 더 쉽게 멋진 시화를 만들 수 있습니다.

③ 시는 '자연'이고, '생활'입니다.

시는 어려운 것, 멀리 있는 것이 아닙니다. 아이들 주변에서 관찰할 수 있는 작은 개미나 지렁이, 오늘 아침에 있었던 일, 급식시간에 나온 반찬 등 생활 속 모든 이야기들이 시가 될 수 있지요. 시 쓰기를 어려워하는 아이들은 함께 시 쓰기 활동을 하면 좀 더 쉽게 시 쓰기를 경험할 수 있습니다. 오늘 아침에 있었던 일이나, 학교 오면서 본 일, 또는 한 가지 주제에 대하여 한 사람씩 이야기를 나누고 한 문장으로 정리해 칠판에 적습니다. 돌아가며 아이들의 이야기를 모으면 어느새 근사한 시 한 편을 완성할 수 있지요. 이후 관련된 시를 함께 읽어보는 것도 좋습니다.

비

우산을 쓰면
비를 안 맞으니까 좋아.

옷이 젖는 건 싫지만,
빗소리는 참 좋아.

비를 먹어봤더니 맛이 좋던걸.

- 서울진관초 도담반 친구들 -

④ 시는 '마음'입니다.

시 읽기는 자기표현의 또 다른 방법이 될 수 있습니다(탁동철). 그날그날의 기분에 따라 마음에 남는 시가 있지요. 하지만 이렇게 시 읽기를 통해 자기표현을 하는 단계까지 가려면 사실 시를 많이 접하고 읽고 느끼는 작업이 선행되어야 합니다.

무엇보다 아이들이 시를 쉽게 읽고 접하는 경험이 중요합니다. 하지만 그냥 시만 제시해서는 아이들에게 의미 있게 다가가기는 힘들겠지요. 시와 경험이 어우러질 때 아이들은 시를 가까이 느낄 수 있을 겁니다. 나와 관계된 것일 때 비로소 의미가 있지요.

초등학교 선생님이신 탁동철 선생님과 노복연, 이연숙, 위희숙(여주초등국어교과 모임) 선생님께서 직접 아이들과 경험한 시 읽기 활동 중에서 우리 아이들에게도 재미있을만한 활동을 정리해보았습니다

(가) 소리 내어 함께 읽기, 암송하기

- 교실 한 쪽에 시 맛보기 판을 만들어 함께 읽을 시 제시하기
- 다 함께 읽기
- 다양한 방법으로 돌아가며 읽기
- 당번을 정해 돌아가면서 매일 친구들에게 시 낭송해주기

(나) 시 노래 부르기/ 가사 바꿔 부르기

- 시 노래 부르기 (백창우, 방시혁 동요 등)
- 시에 가락 붙여 부르기
- 시 노래의 가사 바꿔 부르기

(다) 시화 만들기

- 사진이나 잡지 이용해 시화 만들기
- 두루마리 시화 만들기
- 시 액자 만들기

(라) 나만의 시집 만들기

- 여러 개의 시 제시하기
- 그대로 옮겨 쓰기
- 마음에 드는 시 골라 쓰기
- 일 년 동안 모은 나만의 시집 전시회 하기

(마) 시 이야기 나누기

- 시를 읽고 각자의 느낌이나 마음에 드는 부분 이야기 나누기
- 비슷한 경험이나 생각 나누기

(바) 함께 시 쓰기

- 오늘 아침에 있었던 일, 학교 오면서 본 일 등 한 가지 주제에 대해 이야기 나누기
- 실제 경험해 본 후 이야기 나누기(비 오는 날 비 맞기, 하교하면서 벌레 발견해 관찰하기, 엄마 얼굴 자세히 들여다보기 등)
- 한 사람씩 한 문장으로 정리해 칠판에 적기(각자 공책에 받아쓰기)
- 모두 모아서 시 완성하기

참고문헌 ㅣ 〈7인7색 국어수업 이야기〉, 전국초등국어교과모임, 에듀니티
　　　　　　 〈애들아 모여라 동시가 왔다〉, 탁동철, 상상의 힘

마음대로
그려 보세요

시, 옛이야기

1장
시

2장

옛이야기

엉뚱한 기훈이

강진영

기훈아, 시가 뭔지 아니?
도레미파솔라시도, 그 시요?
아니면 시소?

기훈아, 시집이라는 거 들어봤니?
결혼하는 거요? 장가가는 거?

기훈아, 시인이 뭐 하는 사람인지 알아?
아, 알아요!
공부의 신!
'신'이 아니라 시!인!

엉뚱한 기훈이
나를 웃게 해 준다

딱지 따먹기

강원식 어린이 시, 백창우 곡

딱지 따먹기 할 때

딴 아이가 내 것을 치려고 할 때

가슴이 조마조마한다

딱지가 홀딱 넘어갈 때

나는 내가 넘어가는 것 같다

아래와 같은 방법으로 글마중을 읽어 보세요.

① 선생님과 함께 끊어 읽어야 할 곳을 표시하고 읽어 보세요.
② 딱지치기 하는 모습을 상상하며 읽어 보세요.
③ 내 딱지가 넘어 갈 때 어떤 느낌일지 생각하며 읽어 보세요.

 〈딱지 따먹기〉는 강원식 어린이의 시에 백창우 아저씨가 곡을 붙여서 노래로도 만들어졌습니다. 악보를 보며 신 나게 불러 보세요.

다음 글을 읽고 알맞은 답을 고르거나 쓰세요.

딱지 따먹기

딱지 따먹기 할 때
딴 아이가 내 것을 치려고 할 때
가슴이 <u>조마조마한다</u>
딱지가 홀딱 넘어갈 때
나는 내가 넘어가는 것 같다

1. 무슨 놀이를 하고 있나요? _____

2. 다른 아이가 내 딱지를 치려고 할 때 마음이 어떻다고 했나요?

   _____

3. 밑줄 친 '조마조마한다'와 뜻이 <u>다른</u> 말은 무엇인가요? … (   )

   ① 불안하다   ② 두근두근하다
   ③ 아슬아슬하다   ④ 편안하다

4. 딱지가 넘어가는 모습을 흉내 낸 말은 무엇인가요?

   딱지가 _____ 넘어갈 때

5. 딱지가 넘어갈 때 어떤 마음이 든다고 했나요?

   _____

느낌이나 감정을 표현하는 말은 다양합니다. 상황에 어울리게 〈보기〉에서 골라 문장을 완성해 보세요.

〈보기〉

두근두근하다	아슬아슬하다	조마조마하다	후련하다
짜릿하다	철렁하다	답답하다	뿌듯하다
콩알만 해지다	흐뭇하다	뭉클하다	뜨끔하다

1. 동생에게 줄넘기를 가르쳐 주었다. 동생이 줄넘기를 잘 하는 걸 보니

2. 사회 시험지를 받으니 가슴이

3. 방이 더러웠는데 깨끗이 치우고 나니 속이

4. 공포 영화를 보는데, 갑자기 무시무시한 괴물이 나타났다.

   가슴이

5. 영화에서 엄마를 잃어 버렸던 아이가 엄마와 만났다.

   마음이

6. 숨바꼭질 할 때 내가 숨어 있는 곳에 술래가 다가오면

   가슴이

우유갑을 이용해 양면딱지를 접고, 친구들과 딱지치기를 해 보세요.

1. 우유를 마시고 씻어 잘 말린 후 각 모서리 선을 따라 사방을 자른다.

2. 날개의 한 부분을 가운데 정사각형 선에 맞춰 비스듬히 접는다.

3. 비스듬히 접은 날개를 가운데 정사각형 안에 겹쳐지도록 접어 올린다.

4. 접어올린 부분의 나머지 부분을 선에 맞춰 평행사변형이 되도록 접는다.

5. 처음에 접은 날개의 맞은 편 부분을 같은 방법으로 접는다.

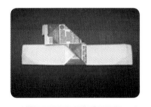

6. 마주보는 날개와 반대방향으로 비스듬히 접는다.

7. 날개를 아래쪽으로 접어 내린 후 나머지 부분은 4와 같이 평행사변형이 되도록 접는다.

8. 끝을 처음 접어 놓은 부분에 끼워 넣는다.

9. 윗면의 딱지가 완성되었으면 뒤집는다.

10. 뒷면도 같은 방법으로 접는다.

11. 딱지가 완성되면 발로 밟거나 무거운 것으로 눌러서 납작하게 만들고 이름을 쓰거나 나만의 표시를 한다.

선생님께 한마디   자세한 놀이방법 및 수정방법은 아이소리(isori.net)>교육>배움>특별활동>55.딱지글을 참고하세요.

다음 빈칸을 채워 '딱지 따먹기' 2절을 만들고 노래를 불러 보세요.

딱지 따먹기

1절

딱지 따먹기 할 때

딴 아이가 내 것을 치려고 할 때

가슴이 조마조마한다

딱지가 홀딱 넘어갈 때

나는 내가 넘어가는 것 같다

2절

딱지 따먹기 할 때

내가 딴 아이 것을 치려고 할 때

_____

딱지가 _____ 넘어갈때

_____

시는 노래예요

글마중

섬집 아기

한인현 시, 이흥렬 곡

엄마가 섬 그늘에 굴 따러 가면
아기가 혼자 남아 집을 보다가
바다가 불러주는 자장노래에
팔 베고 스르르르 잠이 듭니다.

아기는 잠을 곤히 자고 있지만
갈매기 울음소리 맘이 설레어
다 못 찬 굴 바구니 머리에 이고
엄마는 모랫길을 달려옵니다.

아래와 같은 방법으로 글마중을 읽어 보세요.

① 낮은 목소리로 조용하게 읽어 보세요.
② 엄마와 아기의 모습을 상상하며 읽어 보세요.
③ 친구들과 함께 1연과 2연을 나누어 읽어 보세요.

 이 시의 느낌과 어울리는 낱말에 ○ 하세요.

신 난다   고요하다   속상하다

짜릿하다   아름답다

무섭다

화나다   걱정된다

편안하다

억울하다   부끄럽다

가슴 아프다   행복하다   푸근하다

다음 글을 읽고 알맞은 답을 고르거나 쓰세요.

섬집 아기

엄마가 섬 그늘에 굴 따러 가면
아기가 혼자 남아 집을 보다가
<u>바다가 불러주는 자장노래</u>에
팔 베고 스르르르 잠이 듭니다.

아기는 잠을 곤히 자고 있지만
갈매기 울음소리 맘이 설레어
다 못 찬 굴 바구니 머리에 이고
엄마는 모랫길을 달려옵니다.

1. 이 시의 배경은 어디인가요? ──────────────────── (   )

   ① 산   ② 들판   ③ 바닷가   ④ 사막

2. 글의 내용과 맞는 설명에 ○, 틀린 설명에 X 하세요.

① 엄마는 굴을 따러 갔다.	
② 아기는 울고 있다.	
③ 파도 소리를 듣고 아기가 잠이 들었다.	
④ 엄마는 바구니에 굴을 가득 땄다.	
⑤ 엄마는 아기가 걱정되어 달려오고 있다.	

3. '<u>바다가 불러주는 자장노래</u>'는 무엇을 뜻하는 것일까요?

_____

4. 〈섬집 아기〉의 글자 수를 세어 봅시다.

㉠	엄마가 / 섬 그늘에 / 굴 따러 가면
	(3) (4) (5)
㉡	아기가 / 혼자 남아 / 집을 보다가
	( ) ( ) ( )
㉢	바다가 / 불러주는 / 자장노래에
	( ) ( ) ( )
㉣	팔 베고 / 스르르르 / 잠이 듭니다.
	( ) ( ) ( )
㉤	아기는 / 잠을 곤히 / 자고 있지만
	( ) ( ) ( )
㉥	갈매기 / 울음소리 / 맘이 설레어
	( ) ( ) ( )
㉦	다 못 찬 / 굴바구니 / 머리에 이고
	( ) ( ) ( )
㉧	엄마는 / 모랫길을 / 달려옵니다.
	( ) ( ) ( )

4-1. 글자 수의 규칙을 써 보세요.

㉠	3	4	5
㉡	3	4	5
㉢			
㉣			
㉤			
㉥			
㉦			
㉧			

4-2. 글자 수를 맞추어 시를 쓰면 어떤 점이 좋을까요? ·················· (   )

① 리듬감을 주어 읽는 재미가 있다.
② 그림을 그리듯 시를 읽을 수 있다.
③ 시를 쉽게 쓸 수 있다.
④ 다른 사람들이 대단하다고 생각한다.

시를 쓸 때 글자 수를 맞추는 것을 운율 을 맞춘다고 합니다.

월   일   요일   확인

섬집 아기

엄마가 / 섬 그늘에 / 굴 따러 가면
아기가 / 혼자 남아 / 집을 보다가
바다가 / 불러주는 / 자장노래에
팔 베고 / 스르르르 / 잠이 듭니다.

아기는 / 잠을 곤히 / 자고 있지만
갈매기 / 울음소리 / 맘이 설레어
다 못 찬 / 굴 바구니 / 머리에 이고
엄마는 / 모랫길을 / 달려옵니다.

5. <섬집 아기> 시를 노래로 만든다면 어떤 느낌일까요? ········ (   )

　① 경쾌한 느낌　　　　　② 씩씩한 느낌
　③ 고요한 느낌　　　　　④ 활기찬 느낌

5-1. 그런 느낌이 드는 행을 찾아 밑줄을 긋고 써 보세요.

_____

_____

_____

6. 이 시는 노래로도 만들어졌습니다. 선생님과 함께 인터넷에서 '섬집 아기' 노래를 찾아서 들어봅시다. 노래의 느낌이 어떤가요?

_____

선생님께 한마디　시에 대한 느낌은 학생마다 다를 수 있으므로 느낌을 자유롭게 표현할 수 있도록 해 주세요.

〈섬집 아기〉의 1절은 아기가 파도소리를 들으며 잠이 드는 내용이고, 2절은 엄마가 혼자 자고 있을 아기를 걱정하며 집으로 달려오는 내용입니다. 다음 장면은 어떻게 되었을까요?

 다음 장면을 상상하며 3절을 만들어 봅시다. 노랫말을 만들때는 3/4/5의 운율을 살려 만들어 보세요.

3	4	5

 내가 만든 노랫말로 노래를 불러 보세요.

선생님께 한마디 학급 아이들과 함께 노랫말을 만들거나 개인별로 노랫말을 만들어서 여러 가지 노랫말로 불러도 재미있습니다.

〈딱지 따먹기〉, 〈섬집 아기〉 외에도 노래로 만들어진 시를 찾아 보고 시집을 만들어 보고, 노래도 불러 봅시다.

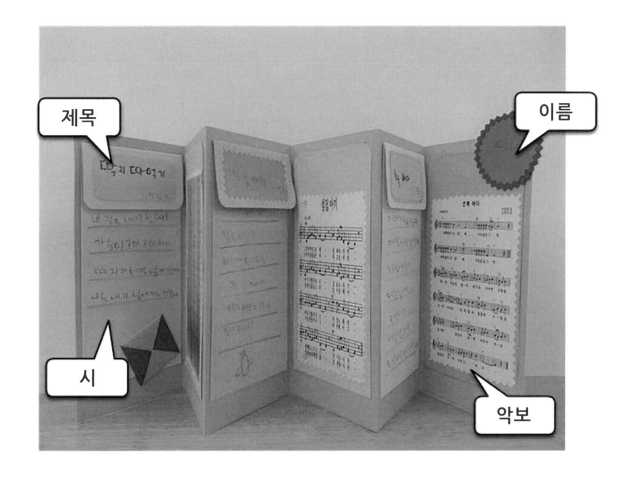

선생님께 한마디 제시된 노래집은 아코디언 접기를 기본으로 하여 칼라종이를 그 위에 덧붙여서 만든 것입니다. 다른 방법으로 노래집을 만들어도 상관없습니다. 노래집은 개인별로 1권씩 만들어도 되고, 한 학생당 1편씩 시를 찾아서 학급 노래집으로 묶어도 됩니다.

※ **노래로 만든 시**
- 누가 누가 잠자나(목일신)
- 예쁘지 않은 꽃은 없다(이창희)
- 엄마야 누나야(김소월)
- 초록 바다(박경종)
- 돌담에 속삭이는 햇살(김영랑)
- 과수원길(박화목)
- 여름이(김용택)
- 파란 마음 하얀 마음(오효선)
- 우산(윤석중)
- 봄비(김요섭)

시는 그림이에요

꽃씨

최계락

꽃씨 속에는
파아란 잎이 하늘거린다.

꽃씨 속에는
빠알가니 꽃도 피어있고,

꽃씨 속에는
노오란 나비 떼도 숨어있다.

월   일   요일   확인

 글마중의 시를 쓰고 내용을 생각하며 그림을 그려 보세요.

 시를 여러 번 읽고 외워 보세요. 친구들이나 부모님 앞에서 시를 암송해 보세요.

1장 | 시 **33**

다음 글을 읽고 알맞은 답을 고르거나 쓰세요.

꽃씨

꽃씨 속에는
<u>파아란 잎이 하늘거린다.</u>

꽃씨 속에는
빠알가니 꽃도 피어있고,

꽃씨 속에는
노오란 나비 떼도 숨어있다.

1. 무엇을 보고 쓴 시일까요? ································· (   )

　　① 꽃씨　　　　② 잎　　　　③ 꽃　　　　④ 나비

2. 위 시에 대한 설명으로 <u>바른</u> 것은 무엇인가요? ········· (   )

　　① 파란 잎이 바람에 흔들리는 모습을 보고 쓴 시이다.
　　② 빨간 꽃을 보고 쓴 시이다.
　　③ 꽃씨를 심어 꽃이 피면 노란 나비가 날아올 것을 상상하여 쓴 시이다.
　　④ 꽃씨 봉지에 빨간 꽃도 들어있다.

3. '<u>파아란 잎이 하늘거린다</u>'는 무슨 뜻일까요? ··········· (   )

　　① 파란 잎이 하늘로 날아간다.
　　② 파란 잎이 바람에 가볍게 흔들린다.
　　③ 파란 잎이 세차게 흔들린다.
　　④ 파란 잎이 돋아난다.

월   일   요일   확인

 빈칸을 채워 시를 바꿔 써 보세요.

〈예시〉   제목 : 여름 햇살

여름 햇살 속에는
까맣게 그을린 아이들의 웃음소리도 있고

여름 햇살 속에는
맛있게 익어가는 옥수수도 있다.

제목 :

속에는

속에는

속에는

 아래 시를 읽고 떠오르는 장면을 그림으로 나타내 보세요.

옹달샘

손광세

깊고 깊은 산 속에   조롱박 하나 가득
옹달샘 하나   물 마시면
맑고 맑은 물 속에   입 속으로 들어오는
파아란 하늘   파아란 하늘

두루마리 족자에 〈옹달샘〉시를 시화로 표현해 보세요.

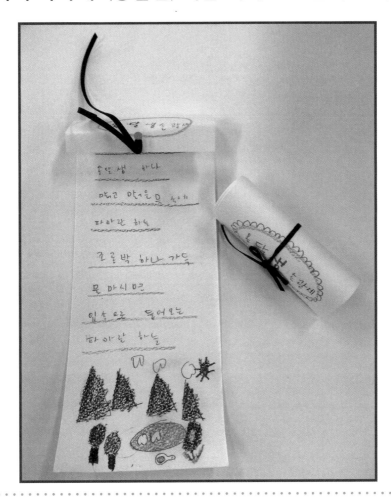

① 두루마리처럼 긴 종이에 시를 씁니다.

② 시에 어울리는 그림을 그립니다.

③ 제목은 뒷면 끝에 씁니다.

④ 끝에 펀치로 구멍을 뚫고 끈을 끼워줍니다.

⑤ 두루마리처럼 돌돌 말아 묶어두면 색다른 재미가 있는 시화가 됩니다.

선생님께 한마디 휴지심을 이용하여 만들 수도 있습니다.

개구쟁이 산복이

이문구

이마에 땀방울
송알송알

손에는 땟국이
반질반질

맨발에 흙먼지
얼룩덜룩

봄볕에 그을려
가무잡잡

멍멍이가 보고
엉아야 하겠네

까마귀가 보고
아찌야 하겠네

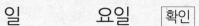

월   일   요일   확인

 아래와 같은 방법으로 글마중을 읽어 보세요.

① 산복이의 얼굴을 떠올리며 읽어 보세요.
② 산복이가 무엇을 하고 놀았을지 상상하며 읽어 보세요.
③ '엉아'와 '아찌'의 뜻을 상상하며 읽어 보세요.
④ 선생님과 함께 끊어 읽어야 할 곳을 표시하고 읽어 보세요.

 글마중 시를 읽고 산복이의 모습을 상상하여 아래 그림을 완성하세요.

다음 글을 읽고 알맞은 답을 고르거나 쓰세요.

개구쟁이 산복이

이마에 땀방울
송알송알

손에는 땟국이
반질반질

맨발에 흙먼지
얼룩덜룩

봄볕에 그을려
가무잡잡

멍멍이가 보고
<u>엉아</u>야 하겠네

까마귀가 보고
<u>아찌</u>야 하겠네

1. 주인공 산복이의 성격을 알맞게 말한 사람은 누구인가요? (   )

　① 유리: 산복이는 소심한 것 같아.
　② 소현: 산복이는 얌전하고 예의바른 것 같아.
　③ 시원: 산복이는 짓궂고 장난치는 것을 좋아하는 것 같아.
　④ 현우: 산복이는 겁이 많고 늘 조심하는 것 같아.

2. '개구쟁이'와 바꾸어 쓸 수 있는 말은 무엇인가요? ┈┈┈┈ (   )

　① 욕심쟁이　　② 새침데기　　③ 잠꾸러기　　④ 장난꾸러기

3. 밑줄 친 '엉아'와 '아찌'는 누구를 나타내는 말일까요?

엉아:	아찌:

4. 〈개구쟁이 산복이〉의 글자 수를 세어 봅시다.

| ㉠ 이마에 / 땀방울 / 송알송알 |
| (3)   (3)   (4) |
| ㉡ 손에는 / 땟국이 / 반질반질 |
| (   )   (   )   (   ) |
| ㉢ 맨발에 / 흙먼지 / 얼룩덜룩 |
| (   )   (   )   (   ) |
| ㉣ 봄볕에 / 그을려 / 가무잡잡 |
| (   )   (   )   (   ) |
| ㉤ 멍멍이가 / 보고 / 엉아야 / 하겠네 |
| (   )   (   ) (   ) (   ) |
| ㉥ 까마귀가 / 보고 / 아찌야 / 하겠네 |
| (   )   (   ) (   ) (   ) |

4-1. 글자 수의 규칙을 써 보세요.

㉠ | 3 | 3 | 4 |
㉡ | 3 | 3 | 4 |
㉢ | | | |
㉣ | | | |
㉤ | | | | |
㉥ | | | | |

5. 산복이는 밖에서 무엇을 하며 놀다 왔을까요?

_____

6. 다음 시를 읽고 떠오르는 장면을 그려 보세요.

고추잠자리

따사로운 햇살 아래
고추잠자리
살랑살랑 바람 타고
날아다니네
한들한들 강아지풀
의자에 앉아
흐르는 땀 식히며
하늘을 보네

〈개구쟁이 산복이〉에 나오는 '가무잡잡'처럼 우리말에는 색을 표현하는 말이 많습니다. 색을 표현하는 말을 알아보고 어울리는 표현을 찾아 문장을 완성해 보세요.

● 빨간색과 관련된 표현:
발갛다, 발그레하다, 빨갛다, 새빨갛다, 시뻘겋다, 붉다,
불그스레하다

● 파란색과 관련된 표현:
파랗다, 새파랗다, 파르스름하다, 퍼렇다, 시퍼렇다, 푸르다,
푸르스름하다, 푸릇푸릇하다

● 노란색과 관련된 표현:
노랗다, 샛노랗다, 노릇노릇하다, 누렇다, 싯누렇다,
누르스름하다.

● 검은색과 관련된 표현:
까맣다, 새까맣다, 시꺼멓다, 검다, 거무스름하다, 거뭇거뭇하다,
가무잡잡하다

○ 흰색과 관련된 표현:
하얗다, 새하얗다, 허옇다, 희다, 희끗희끗하다

1. 내가 좋아하는 선생님을 만나서 얼굴이 [   ]

2. 가을 하늘이 높고 [   ]

3. 여름방학 동안 바닷가에서 신나게 놀았더니 얼굴이 [   ]

4. 빈대떡이 [   ] 하게 구워졌다.

5. 밤새 눈이 내려서 온 세상이 [   ] 변했다.

월   일   요일   확인

 모습을 나타내는 말을 이용하여 시를 써 봅시다. 친구, 선생님, 가족 중 한 명을 관찰하며 시를 써 보세요.

이마엔 _____

_____

손에는 _____

_____

발에는 _____

_____

_____

_____

_____

선생님께 한마디 점, 빛깔, 상처 등을 자세히 관찰하여 글을 쓸 수 있도록 지도해 주세요.

사진을 보고 〈예시〉와 같이 그림을 그리듯 자세히 묘사하는 말을 이용하여 시를 써 보세요.

〈예시〉

보드랍고 하얀 아기 곰

꼼지락 꼼지락

꼬물꼬물

인형 발처럼 작고 귀여운 아기 발

보랏빛 예쁜 옷

비가 온다

윤귀봉 어린이 시, 백창우 곡

비가 온다 둑둑 비가 온다 둑둑
비가 온다 둑둑 비가 온다 둑둑
두두둑 두두둑 두두둑 두두둑
갑자기 비가 온다
좍 좍 두두둑
좍 좍 두두둑
갑자기 비가 온다

개가 운다 끙끙 개가 운다 끙끙
개가 운다 낑낑 개가 운다 낑낑
끄그긍 끄그긍 깨개갱 깨개갱
무서워서 개가 운다

시는 자연이에요

빗방울

오규원

빗방울이 개나리 울타리에
솝 – 솝 – 솝 – 솝 떨어진다

빗방울이 어린 모과나무 가지에
롭 – 롭 – 롭 – 롭 떨어진다

빗방울이 무성한 수국 잎에
톱 – 톱 – 톱 – 톱 떨어진다

빗방울이 잔디밭에
홉 – 홉 – 홉 – 홉 떨어진다

빗방울이 현관 앞 강아지 머리에
돕 – 돕 – 돕 – 돕 떨어진다

아래와 같은 방법으로 글마중을 읽어 보세요.

① 비 오는 소리를 찾아 밑줄을 그어 보세요. 밑줄 그은 부분은
   어린이가 읽고 다른 부분은 선생님이 읽어 보세요.
② 친구들과 함께 소리를 모아 노래하듯이 읽어 보세요.
③ 비 오는 모습을 상상하며 읽어 보세요.

 색종이로 우산을 만들어 옆 페이지에 붙이고 비 오는 풍경을 만들어 보세요.

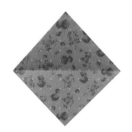

① 색종이(1/4)를
   대각선으로 접는다.

② 아이스크림 접기 한 후,
   아래를 접어 올린다.

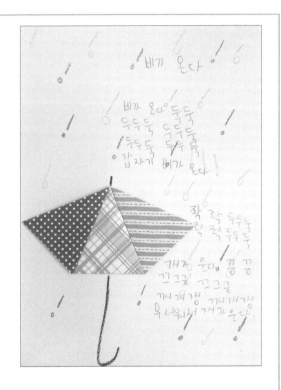

③ 3개를 이어 붙이고,
   우산 모양으로 꾸며준다.

 글마중에서 마음에 드는 시를 골라 써 보세요.

제 목 :

월   일   요일   확인

 다음 글을 읽고 알맞은 답을 쓰세요.

비가 온다

비가 온다 둑둑 비가 온다 둑둑
두두둑 두두둑 두두둑 두두둑
갑자기 비가 온다
좍 좍 두두둑
좍 좍 두두둑
갑자기 비가 온다

개가 운다 꿍꿍 개가 운다 꿍꿍
개가 운다 낑낑 개가 운다 낑낑
끄그긍 끄그긍 깨개갱 깨개갱
무서워서 개가 운다

1. 비 오는 소리를 나타낸 말을 모두 찾아 쓰세요.

_____

2. 개가 우는 소리를 나타낸 말을 모두 찾아 쓰세요.

_____

3. 비가 오는 날 들을 수 있는 소리에는 무엇이 있을까요? 소리를 표현하
   는 말로 나타내 보세요.

_____

다음 글을 읽고 알맞은 답을 쓰세요.

빗방울

빗방울이 개나리 울타리에
솝 – 솝 – 솝 – 솝 떨어진다

빗방울이 어린 모과나무 가지에
롭 – 롭 – 롭 – 롭 떨어진다

빗방울이 무성한 수국 잎에
톱 – 톱 – 톱 – 톱 떨어진다

빗방울이 잔디밭에
홉 – 홉 – 홉 – 홉 떨어진다

빗방울이 현관 앞 강아지 머리에
돕 – 돕 – 돕 – 돕 떨어진다

1. 빗방울이 어디에 떨어지고 있나요?

　개나리 울타리,

2. 빗방울이 떨어지는 소리를 나타낸 말을 모두 찾아 쓰세요.

　솝 – 솝 – 솝 – 솝,

뽐내기

 빈칸을 채워 시를 바꿔 써 보세요.

빗방울

빗방울이　아무도 없는 미끄럼틀 위　에

팅　－　팅　－　팅　－　팅　떨어진다.

빗방울이 　　　　　　　　　　　　　 에

－　　　－　　　－　떨어진다.

빗방울이 　　　　　　　　　　　　　 에

－　　　－　　　－　떨어진다.

빗방울이 　　　　　　　　　　　　　 에

－　　　－　　　－　떨어진다.

선생님께 한마디 [7인 7색 국어수업 이야기, 전국초등국어교과모임, 에듀니티] 중 '아이들의 삶을 담은 시, 노래(노복연, 이연숙, 위희숙, 여주초등국어교과모임)'에 소개된 활동입니다. 가능하면 비 오는 날 아이들과 밖으로 나가 비가 어디에 어떤 소리로 떨어지는지 들어보고 활동하면 좋습니다.

자연에는 빗방울 소리 외에도 다양한 소리가 있습니다. 자연에서 들을 수 있는 소리들을 찾아 실감나게 표현해 보세요.

나무가 울창한 숲에서 들을 수 있는 소리

귀뚜라미와 나와

윤동주

귀뚜라미와 나와
잔디밭에서 이야기했다.

귀뚤귀뚤
귀뚤귀뚤

아무게도 아르켜주지 말고
우리 둘만 알자고 약속했다.

귀뚤귀뚤
귀뚤귀뚤

귀뚜라미와 나와
달 밝은 밤에 이야기했다.

시는 자연이에요

매미

이창희 어린이

오늘 매미 한 마리가
거미줄에 걸렸다

매미를 살려 줄까 생각하면
거미가 불쌍하고

매미를 그냥 놔 둘까 생각하면
매미가 불쌍하고

어떻게 할지 모르겠다

콩벌레

김미혜

콩벌레를 톡 치니
겁쟁이 녀석
동글동글
몸을 만다.

"전 까만 콩이어요.
그냥 놔두세요."

"시치미 떼지 마.
넌 콩벌레야."

손바닥에 올려놓고
콩처럼 데구루루
데구루루 데구루루
데구루루 굴린다.

아래와 같은 방법으로 글마중을 읽어 보세요.

① 귀뚜라미, 매미, 거미줄, 콩벌레를 떠올리며 시를 읽어 보세요.
② 친구들과 함께 소리를 모아 노래하듯이 읽어 보세요.
③ 한 연씩 이어가며 읽어 보세요.

 글마중에서 마음에 드는 시를 골라 아래에 써 보세요.

제 목 :

다음 글을 읽고 알맞은 답을 쓰세요.

귀뚜라미와 나와

귀뚜라미와 나와
잔디밭에서 이야기했다.

귀뚤귀뚤
귀뚤귀뚤

아무게도 아르켜주지 말고
우리 둘만 알자고 약속했다.

귀뚤귀뚤
귀뚤귀뚤

귀뚜라미와 나와
달 밝은 밤에 이야기했다.

1. 시인은 언제, 어떤 소리를 들으며 시를 쓴 걸까요?

_____

_____

2. 시인은 귀뚜라미와 어떤 이야기를 나누었을까요?

_____

_____

다음 글을 읽고 알맞은 답을 쓰세요.

매미

오늘 매미 한 마리가
거미줄에 걸렸다.

매미를 살려 줄까 생각하면
거미가 불쌍하고

매미를 그냥 놔 둘까 생각하면
매미가 불쌍하고

어떻게 할지 모르겠다.

1. 어떤 모습을 보고 쓴 시일까요?

_____

2. 매미를 살려주면 거미가 불쌍하다고 한 까닭은 무엇일까요?

_____

3. 나라면 어떻게 했을까요? 그 이유도 써 보세요.

_____

다음 글을 읽고 알맞은 답을 고르거나 쓰세요.

콩벌레

콩벌레를 톡 치니
겁쟁이 녀석
동글동글
몸을 만다.

"전 까만 콩이어요.
그냥 놔두세요."

"시치미 떼지 마.
넌 콩벌레야."

----

1. 콩벌레의 어떤 모습을 시로 나타낸 것일까요? ················ (   )

　　① 콩벌레가 위험을 느끼면 몸을 동그랗게 마는 모습
　　② 콩벌레가 꼬물꼬물 기어가는 모습
　　③ 콩벌레의 단단한 등딱지와 마디

2. 시인이 되어 시의 마지막 연을 완성해 봅시다.

_____

_____

우리 주변에서 흔히 볼 수 있는 곤충이나 작은 생물을 자세히 관찰해 보세요. 곤충이나 작은 생물의 소리와 모습을 떠올리며 생각나는 표현을 적거나 <보기>에서 찾아 써 보세요.

	<예시> 콩벌레가 동그랗게 몸을 마는 모습
	<u>동글동글</u> 콩벌레 <u>데굴데굴</u> 굴러가겠네.

	거미가 거미줄을 타고 올라가는 모습
	거미는 곡예사, [ ] 거미줄을 잘도 탄다.
	달팽이가 꽃잎을 맛있게 먹는 모습
	꽃잎을 한가득 [ ] 씹으면 온 몸에 퍼지는 향긋한 꽃냄새
	모기 소리에 잠을 설친 경험
	[ ] 모기 소리 귓가에 맴돌아 자는 둥 마는 둥 온 몸이 [ ]

	개미가 진딧물의 단물을 먹는 모습
	[　　　　　] 단물을 빨아 먹으면 "아! 시원해!" "진딧물아, 고마워!"
	나비가 꽃밭을 날아다니는 모습
	[　　　　　] 나비야 / 어디로 가니? [　　　　　] 날아서 / 어디로 가니?

〈보기〉

미끌미끌	꿈틀꿈틀	꼬물꼬물	아슬아슬
꼼지락 꼼지락	아삭아삭	오물오물	쪽쪽
우적우적	윙윙윙	앵앵앵	위~잉
애~앵	찌릿찌릿	찌릿찌릿	찌뿌둥
천근만근	나풀나풀	팔랑팔랑	하늘하늘
대롱대롱	야금야금	파닥파닥	훨훨훨

선생님께 한마디 흉내 내는 말을 사용하면 소리나 모양을 재미있게 나타낼 수 있습니다. 직접 듣고 보는 것과 같이 실감나는 표현을 할 수 있습니다. 흉내내는 말은 정답이 하나가 아니므로 아이들이 느끼는 대로 〈보기〉에 나오지 않은 표현을 찾거나 만드는 것도 허용해 주세요.

낱말창고에 나온 곤충 중 하나를 골라 시로 나타내 보세요. 사진이나 그림도 넣어 나만의 동시 액자를 만들어 보세요.

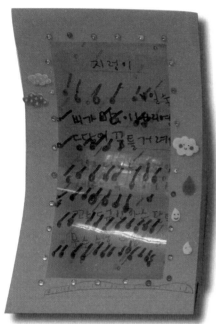

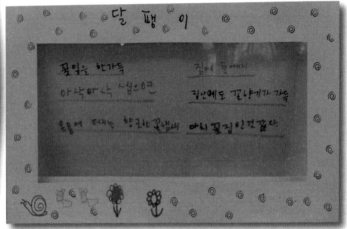

① 색지를 아래 그림처럼 접습니다.

A	B	C	D

② (B)부분에 테두리를 조금 남기고 구멍을 뚫습니다.

③ 뚫은 부분을 OHP필름으로 붙입니다.

④ (C)부분에 시를 쓰고 꾸며줍니다.

⑤ (A)와 (D)부분을 겹쳐 붙인 후, 전시합니다.

월   일   요일   확인

 학교 도서관에서 시집을 하나 빌려서 자연풍경이나 동식물에
대해 쓴 시를 찾아 읽고, 아래에 옮겨 써 보세요.

제 목 :

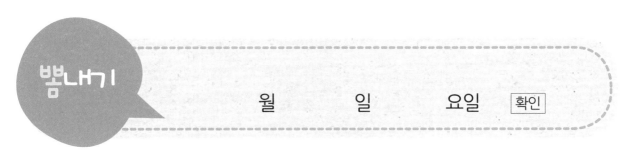

 이 시를 고른 까닭은 무엇인가요?

 내가 고른 시에서 재미있거나 마음에 드는 표현을 찾아 써 보세요.

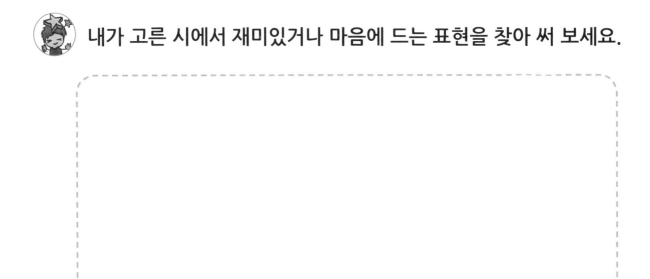

 내가 고른 시를 친구들 앞에서 낭송해 봅시다.

선생님께 한마디 시낭송 장면을 동영상으로 찍어주거나 친구들과 선생님께 ☆☆☆☆☆평점을 받도록 하는 것도 재미있습니다. 시집에서 찾는 활동 대신 학생이 직접 시를 써 보는 것도 좋습니다.

닭

강소천

물 한모금 입에 물고
하늘 한번 쳐다보고
또 한모금 입에 물고
구름 한번 쳐다보고

지렁이

이일숙

비가 많이 내리면
땅이 꿈틀거려요

깊은 땅 속 지렁이들
세상 구경하고 싶어

꽉 덮힌 아스팔트를
무슨 수로 나올까요?

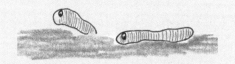

모래맨

이미옥

나는 모래맨
양말에서 솔솔
호주머니에서 솔솔
가방에서 솔솔
모래가 나와

나는 모래맨
귓구멍에서도 솔솔
콧구멍에서도 솔솔
머리에서도 솔솔
모래가 나와

모래밭에서 씨름 한 판
뚝딱 하고 나면,
모래밭에서 두꺼비집 한 채
뚝딱 짓고 나면,
나는 모래맨이 된다.

내비게이션

김현숙

꽃구경 다녀오다가
엄마랑 아빠랑 싸웠다

차 안이 조용해졌다

나도 말 못하고
동생도 말 못하고

내비게이션 혼자 떠든다

- 우회전하세요
- 유턴하세요
- 속도를 줄이세요

아래와 같은 방법으로 글마중을 읽어 보세요.

① 놀이터에서 친구들과 신 나게 모래 장난을 하고 집으로 들어 왔을 때를 떠 올리며 〈모래맨〉을 읽어 보세요.
② 우리 가족의 모습을 떠올리며 〈내비게이션〉을 읽어 보세요.

 여기서 '솔솔', 저기서 '솔솔' 〈모래맨〉의 모습을 상상하며 그림을 그려 보세요.

다음 글을 읽고 알맞은 답을 고르거나 쓰세요.

모래맨

나는 모래맨
양말에서 솔솔
호주머니에서 솔솔
가방에서 솔솔
모래가 나와

나는 모래맨
귓구멍에서도 솔솔
콧구멍에서도 솔솔
머리에서도 솔솔
모래가 나와

모래밭에서 씨름 한 판
뚝딱 하고 나면,
모래밭에서 두꺼비집 한 채
뚝딱 짓고 나면,
나는 모래맨이 된다

1. 시인은 어떤 모습을 시로 표현한 걸까요?

_____

2. 〈모래맨〉에서 반복되는 표현을 찾아보세요.

_____

3. 모래가 주머니나 양말에서 나오는 모습을 어떻게 표현했나요?

_____

4. 〈모래맨〉에 나오는 아이는 어디에서 무슨 놀이를 했을까요?

(,   )

① 공원에서 술래잡기를 했다.
② 교실에서 딱지 따먹기를 했다.
③ 놀이터에서 씨름을 했다.
④ 놀이터에서 두꺼비집 짓기를 했다.
⑤ 교실에서 공기놀이를 했다.

5. '솔솔' 대신 넣을 수 있는 말에는 무엇이 있을까요?

_____

6. 〈모래맨〉이 되어서 집으로 들어온다면 엄마는 뭐라고 하실까요?

_____

_____

다음 글을 읽고 알맞은 답을 고르거나 쓰세요.

내비게이션

꽃구경 다녀오다가
엄마랑 아빠랑 싸웠다

차 안이 조용해졌다

나도 말 못하고
동생도 말 못하고

내비게이션 혼자 떠든다

– 우회전하세요
– 유턴하세요
– 속도를 줄이세요

1. 어떤 장소에서 일어난 일을 시로 나타낸 것일까요?

_____

2. 자동차 안의 분위기를 적절히 나타내는 표현은 무엇일까요? (   )

   ① 화기애애하다.   ② 시끌벅적하다.
   ③ 살얼음판을 걷는 것 같다.   ④ 평온하다.

3. 자동차의 분위기를 잘 나타내는 부분을 찾아 써 보세요.

_____ , _____

개그맨, 스파이더맨, 배트맨처럼 단어의 끝에 '맨'을 붙여서 그 사람의 특성을 나타내기도 합니다. 어떤 맨이 어울릴지 생각해 보고 문장을 완성해 보세요.

〈예시〉	생글생글 잘 웃는 나는 　웃음 맨 나와 함께 있으면 친구들도 하하호호

여기 저기 부딪치며 덤벙대는 나는 ☐

☐

쉴 새 없이 친구들과 이야기를 나누는 나는 ☐

☐

이것저것 가리지 않고 아무거나 잘 먹는 나는 ☐

☐

어떤 질문에도 척척 대답하는 나는 ☐

☐

월   일   요일   확인

 내 경험을 살려 〈모래맨〉을 바꿔 써 보세요.

맨

선생님께 한마디 웃음맨, 심술맨, 스파이더맨, 뒹굴맨, 심통맨, 개그맨, 먹보맨, 인사맨 등의 일상적인 소재로 시를 지을 수 있습니다.

말

윤원경 어린이

말은
씨가 된다.

동생이 미워서
넘어져 버려라 했는데

그 말이 씨가 되어
내 동생이 샘으로 넘어졌다.

무서운 말

힘센 층

이장근

너희 집 몇 층이야
15층

와, 높다
그럼 너희 집은 몇 층이야
1층
2층에서 15층까지
모두 업고 있는
1층이지

와, 힘세다

엄마와 아빠

정다운 어린이(4학년)

엄마와 아빠는
옛날부터 헤어졌지만
나는 괜찮다.
아빠가
내 생일에도 오고
크리스마스 때도 오고
우리들 방학 때도 오니까
나는 괜찮다.
아빠는 나를 버리지 않을 거니까
나를 잊지 않을 거니까

시는 생활이에요

급식 당번

이일숙

애들에겐 맛없는 나물
수북히 담아 주고

짝사랑 민주에겐
탕수육 듬뿍 줬는데

내 마음 알아챘을까
눈치만 살핀다

생각났다

이일숙

필통이 또 사라졌다
선생님께 말씀드렸더니

숨긴 사람 나오라고
찾을 때까지 못 간다고

모두들 열심히 찾는데
생각났다
안 가져온 게

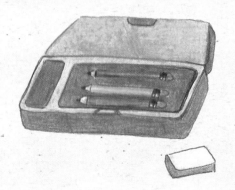

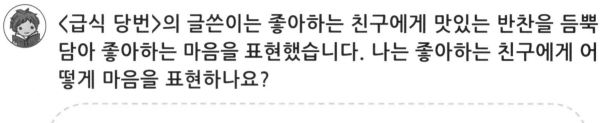

〈급식 당번〉의 글쓴이는 좋아하는 친구에게 맛있는 반찬을 듬뿍 담아 좋아하는 마음을 표현했습니다. 나는 좋아하는 친구에게 어떻게 마음을 표현하나요?

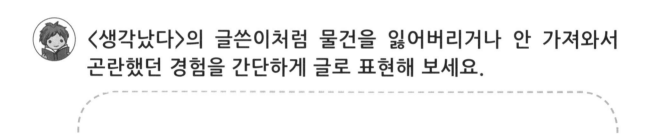

〈생각났다〉의 글쓴이처럼 물건을 잃어버리거나 안 가져와서 곤란했던 경험을 간단하게 글로 표현해 보세요.

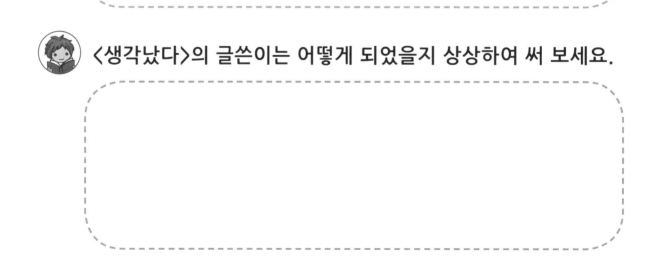

〈생각났다〉의 글쓴이는 어떻게 되었을지 상상하여 써 보세요.

다음 글을 읽고 알맞은 답을 고르거나 쓰세요.

급식 당번

애들에겐 맛없는 나물
수북히 담아 주고

짝사랑 민주에겐
탕수육 듬뿍 줬는데

내 마음 알아챘을까
눈치만 살핀다

1. 글쓴이가 민주에게 탕수육을 듬뿍 준 이유는 무엇일까요? (   )

　① 민주가 탕수육을 많이 달라고 해서
　② 선생님이 민주에게 많이 주라고 해서
　③ 탕수육이 많이 남아서
　④ 좋아하는 민주에게 맛있는 것을 많이 주고 싶어서

2. 글쓴이의 마음과 어울리지 <u>않는</u> 표현은 무엇인가요? ………… (   )

　① 초조하다
　② 두근두근하다
　③ 억울하다
　④ 궁금하다

다음 글을 읽고 알맞은 답을 고르거나 쓰세요.

생각났다

필통이 또 사라졌다
선생님께 말씀드렸더니

숨긴 사람 나오라고
찾을 때까지 못 간다고

모두들 열심히 찾는데
생각났다
안 가져온 게

1. 윗글의 내용과 <u>다른</u> 설명은 무엇인가요? ⋯⋯⋯⋯⋯⋯⋯ (   )

  ① 글쓴이는 지금 필통이 없다.
  ② 선생님께 필통이 없어졌다고 말씀드렸다.
  ③ 친구들은 모두 집에 못 가고 글쓴이의 필통을 찾고 있다.
  ④ 글쓴이의 필통을 교실에서 찾았다.

2. 글쓴이의 필통은 지금 어디에 있을까요? _____

3. 필통을 안 가져온 게 생각난 글쓴이의 마음은 어떨까요? (,   )

  ① 필통이 없어져서 화가 난다.
  ② 친구들이 필통을 열심히 찾는 모습을 보니 재미있다.
  ③ 필통을 집에 두고 온 것이 생각나 당황스럽다.
  ④ 내 실수로 친구들이 집에 못 가고 있어서 미안하다.

4. 다음 글을 읽어 보세요. 〈생각났다〉와 〈필통 안 가져온 날〉 중 마음에 드는 글은 무엇인가요? 그 이유는 무엇인지 써 보세요.

〈필통 안 가져온 날〉

5교시가 끝나고 알림장을 쓰려고 하는 데 필통이 안 보였다. 책상 서랍에도, 가방에도, 사물함에도 아무리 찾아봐도 없었다. 누군가 내 필통을 숨긴 것이 틀림없었다. 나는 화가 나서 선생님께 일렀다.

"선생님, 제 필통이 또 없어졌어요."

"그래? 누구니? 누가 진욱이 필통을 숨긴 거야? 장난하지 말고 어서 돌려줘."

"……."

"안 되겠다. 오늘 진욱이 필통 찾을 때까지 모두 집에 못 가!"

"에이, 누구야? 누가 숨긴 거야?"

"나 4반 애들이랑 축구하기로 약속했는데……."

아이들은 모두 투덜대며 여기저기 내 필통을 찾기 시작했다. 하지만 한참을 찾아도 내 필통은 나오지 않았다.

그런데 문득, 아침에 현관에서 신발을 신고 있을 때 엄마가 학교 가면서 필통도 안 가져 가냐며 손에 필통을 쥐어주시던 것이 생각났다. 시간이 늦어 뛰어 나가려는데 운동화 끈이 풀린 것이 보였다.

'아, 그 때 운동화 끈을 묶으면서 필통을 신발장 위에 올려두고 그냥 나왔구나. 어쩌지? 선생님께 어떻게 말씀드리지? 친구들에게는 뭐라고 말하지?'

▶ 마음에 드는 글: _____

▶ 이유: _____

_____

_____

 시는 어려운 것이 아니에요. 내가 겪은 일과 생각이 모두 시가 될 수 있지요. '학교'와 관련하여 시의 글감을 생각해 보세요.

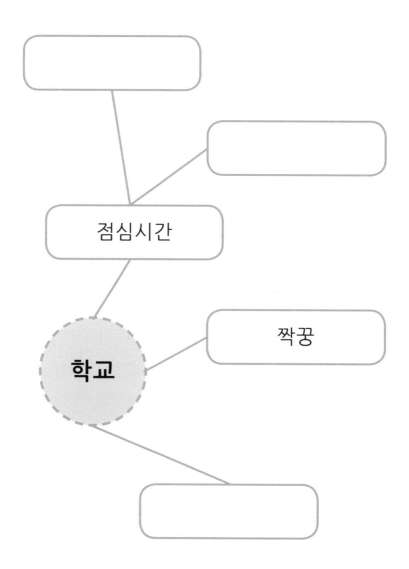

점심시간

짝꿍

학교

월   일   요일   확인

 앞에서 고른 글감 중 한 가지를 골라 자세히 써 보세요.

글감	
누구와	
무슨 일이 있었나?	
느낌이나 생각은?	

 표에 쓴 내용을 시로 나타내기 좋은 표현으로 다듬어 보세요.

 앞에 정리한 내용을 바탕으로 제목을 붙이고 시를 써 보세요.

제 목 :

냄비

이은규 어린이

수학 문제
풀 때

내 머리 위엔
끓는 냄비 하나

마침 출출한데

라면 하나
끓여 볼까

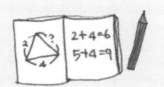

선생님은 움직이는 리모컨

김동근 어린이(5학년)

선생님이 자리에 앉아 계시면
'조용.'
자리에 없으시면
'왁자지껄.'
2층에 내려가시면
'왁자지껄.'
앞문에 선생님 머리가 보이면
다시
'조용.'
선생님은 움직이는 리모컨이다.

소리도 참

이정주 어린이(6학년)

소리도 참 요란하다.
장규선이 밥 먹는 소리

우가가장 음음 작우작음

무슨 소가 먹는 것 같다

아슬아슬 도미노

김선욱 어린이(2학년)

아슬아슬 도미노
조마조마 도미노
도미노가 넘어지면
'아, 이럴 수가!'
기절하겠네

봄봄봄

김용택

나비가 날아간다
꽃잎같이 훨훨 날아간다
나비 잡으러 가다
꽃잎을 잡았네

꽃잎이 날아간다
너울너울 나비같이 날아간다
꽃잎 받으러 가다
나비를 잡았네

시는 내 마음이에요

빨랫줄 매 놓고

문삼석

거미가
가늘게
빨랫줄 매 놓고,

반짝반짝
이슬 빨래
널어놓았어.

월   일   요일   확인

 아래와 같은 방법으로 글마중을 읽어 보세요

① '나비'와 '꽃잎'의 모습을 상상하며 〈봄봄봄〉을 읽어 보세요.
② '거미줄에 매달린 이슬'의 모습을 상상하며 〈빨랫줄 매 놓고〉
　를 읽어 보세요.

 〈빨랫줄 매 놓고〉의 장면을 상상하여 그림으로 그려 보세요.

다음 글을 읽고 알맞은 답을 고르거나 쓰세요.

봄봄봄

나비가 날아간다
꽃잎같이 훨훨 날아간다
나비 잡으러 가다
꽃잎을 잡았네

꽃잎이 날아간다
너울너울 나비같이 날아간다
꽃잎 받으러 가다
나비를 잡았네

1. 이 시는 어떤 모습을 보고 쓴 시인가요?

_____

2. 1연에서 나비가 어떻게 날아간다고 했나요?

<u>　　　　　같이 훨훨 날아간다.　　</u>

3. 1연에서 '나비를 잡으러 가다 꽃잎을 잡은' 이유는 무엇일까요? (   )

① 나비가 너무 빨리 날아갔기 때문에
② 나비와 꽃잎이 비슷했기 때문에
③ 나비가 무서웠기 때문에

4. 2연에서 왜 꽃잎이 '나비같이' 날아간다고 했을까요?

<u>　이 날아가는 모습이　　　　와 비슷해서</u>

5. (가)와 (나)를 소리 내어 읽어 보세요. 장면을 더 생생하게 보여주는 시는
   어느 것이라고 생각하는지 ○ 하세요.

(가) 봄봄봄	(나) 봄봄봄
나비가 날아간다 꽃잎같이 훨훨 날아간다 나비 잡으러 가다 꽃잎을 잡았네 꽃잎이 날아간다 너울너울 나비같이 날아간다 꽃잎 받으러 가다 나비를 잡았네	나비가 날아간다 나비 잡으러 가다 꽃잎을 잡았네 꽃잎이 날아간다 꽃잎 받으러 가다 나비를 잡았네

6. 시에서 '나비가 <u>꽃잎같이</u> 훨훨 날아간다', '꽃잎이 너울너울 <u>나비같
   이</u> 날아간다'처럼 '~같이'라는 표현을 사용하면 어떤 점이 좋을까요?
   모두 고르세요. ┈┈┈┈┈┈ (,   ,   )

   ① 생생한 느낌이 든다.
   ② 시의 장면이 쉽게 떠오른다.
   ③ 무엇을 말하는지 이해하기 어렵다.
   ④ 좀 더 쉽게 이해하게 된다.

   시에서 어떤 대상을 비슷한 대상에 빗대어 표현하는 것을
   | 비유적 표현 | 이라고 합니다.

다음 글을 읽고 알맞은 답을 고르거나 쓰세요.

빨랫줄 매 놓고

거미가
가늘게
빨랫줄 매 놓고,

반짝반짝
이슬 빨래
널어놓았어.

1. 이 시는 어떤 모습을 보고 쓴 시인가요? ⋯⋯⋯⋯⋯⋯⋯ (   )

　① 빨래줄에 빨래가 널려있는 모습
　② 빨래줄에 거미가 걸려있는 모습
　③ 거미줄에 이슬이 맺힌 모습

2. 이 시에서 '거미줄'과 '이슬'을 무엇으로 표현했나요? 그렇게 표현한
　이유는 무엇인가요?

대상	비유적 표현	이유
거미줄	빨래줄	
이슬		매달려 있어서

3. 이 시에서 비유적 표현을 사용하여 좋은 점은 무엇인가요?

_____

다음 두 대상의 공통점을 찾아보고 비유적 표현으로 나타내 보세요.

대상		공통점	비유적 표현으로 나타내기
달	쟁반	둥글다	쟁반같이 둥근 달
솜사탕	눈		눈처럼 흰 솜사탕
진흙	메밀묵	부드럽다	
개나리	바나나 껍질		
화난 엄마 얼굴	단풍잎		
은행잎			
반달			
할머니			

다음은 앵무새를 보고 비유할 대상을 찾아 쓴 것입니다. 잘 살펴 보세요.

공통점

매일 같이 논다.

공통점

머리가 가려우면
발톱으로 긁어준다.

비유할 대상

친구

비유할 대상

★등갈개

시 쓰고 싶은 대상
내가 키우는
앵무새

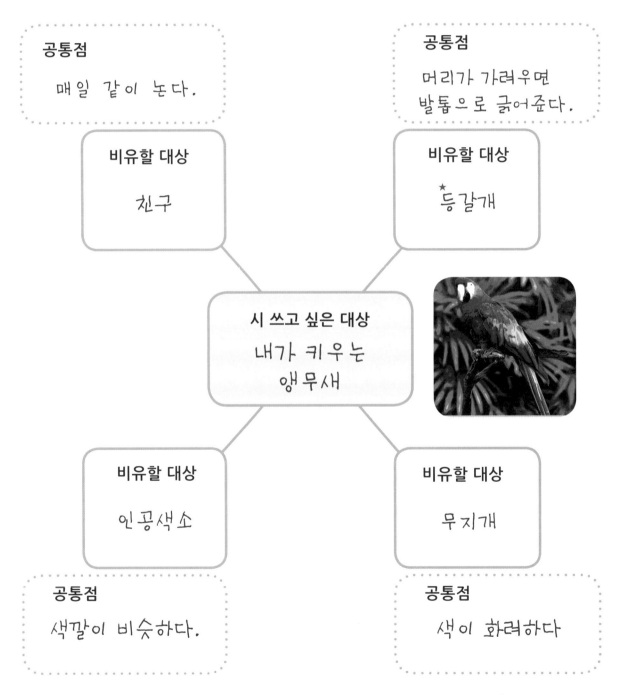

비유할 대상

인공색소

비유할 대상

무지개

공통점

색깔이 비슷하다.

공통점

색이 화려하다

★등갈개 : 등긁이

비유적 표현을 사용하면 재미있고 생생한 시를 쓸 수 있습니다.
비유적 표현을 사용한 친구의 시를 읽어 보세요.

홍시

(내가 키우는 앵무새)

채여진 어린이(6학년)

나는 무지개를 키우고 있다.
먹어도 잘 먹는 무지개
인공색소를 뒤집어 쓴 무지개
머리가 가려우면
등긁개가 되어준다.

같이 친구가 되어주는
무지개
나는 매일 살아 움직이는
무지개와 같이 논다.

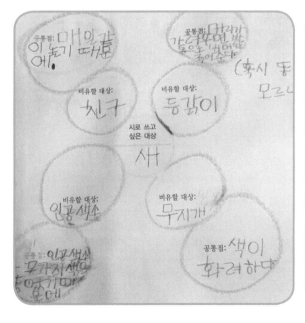

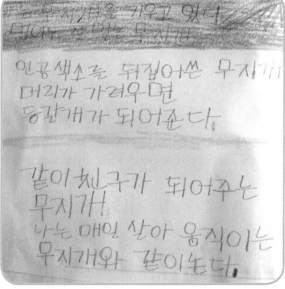

 자신이 시로 쓰고 싶은 대상을 정하고, 비유할 대상을 생각해 써 보세요.

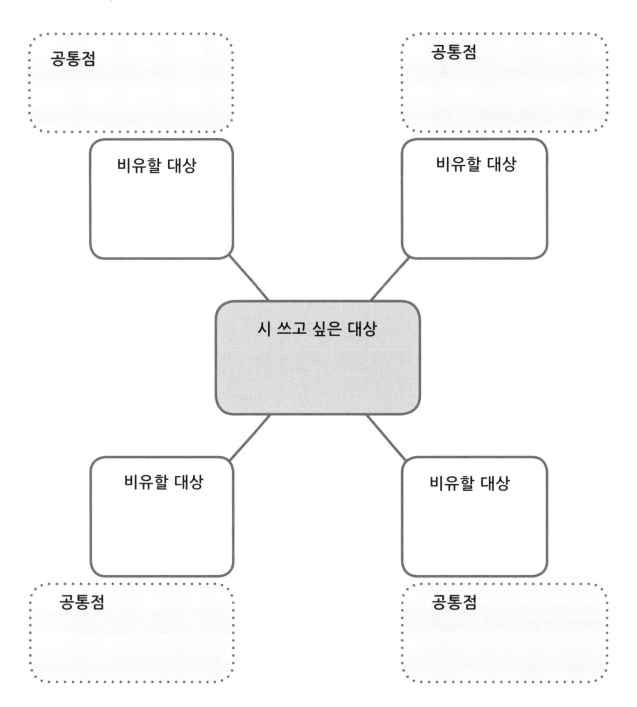

공통점

비유할 대상

공통점

비유할 대상

시 쓰고 싶은 대상

비유할 대상

공통점

비유할 대상

공통점

월   일   요일   확인

 비유적 표현을 사용하여 시를 써 보세요.

제 목 :

혹부리 영감

옛날 옛날, 윗마을에 노래를 잘 부르고 마음씨도 좋은 할아버지가 살았대. 할아버지가 노래를 부르며 일을 하면 마을 사람들은 덩실덩실 춤을 추었지. 그 할아버지 왼쪽 볼에는 조롱박처럼 커다란 혹이 달려 있었어. 사람들은 노래를 잘 부르는 이 할아버지를 '노래혹부리'라고 불렀어.

아랫마을에도 오른 볼에 참외만한 혹을 달고 있는 할아버지가 살고 있었어. 사람들은 그 할아버지를 '심술혹부리'라고 불렀어. 지나가던 강아지를 발로 툭 차지 않나, 툭하면 동네 꼬마들을 놀려 울리지 않나, 다 쌓아놓은 나무를 무너뜨리지 않나, 매일 매일 심술을 부렸기 때문이지.

어느 날, 노래혹부리 영감이 나무를 하러 산에 갔다가 그만 길을 잃었어. 이리 가도 제자리, 저리 가도 제자리만 맴돌았어. 해는 지고 길은 어둡고, 할 수 없이 혹부리 영감은 산 속에 있는 빈 집에서 하룻밤 묵기로 했지.

부엉이는 부엉부엉, 빈 집은 삐걱삐걱, 바람은 휘이잉, 혹부리 영감은 갑자기 겁이 덜컥 났어.

"혼자 있으려니 무섭네그려. 노래나 한 자락 불러볼까? 아리아리랑, 쓰리쓰리랑, 아라리가 났네에에."

할아버지가 구성지게 노래 한 가락을 뽑고 있는데 갑자기 우당탕 쿵쾅 시끄러운 소리가 났어. 그건 바로 할아버지의 노랫소리를 엿듣던 도깨비들이었어.

할아버지는 무서워서 눈앞이 캄캄해졌어. 도깨비들에게
혼쭐이 나겠다 싶었지. 그런데 대장 도깨비가 엉뚱한 소리
를 하는 거야.

"노래 한번 구수하게 잘하는구려. 도대체 그 노래는 어디
에서 나오는 거요?"

"그그…… 글쎄요. 그건 잘 몰라요."

할아버지는 가슴이 조마조마해서 조그만 목소리로 말했어.

"시치미 떼지 마시게. 그 혹에서 노래가 나오는구먼. 그
혹을 우리에게 떼어 주쇼."

도깨비들은 노래혹부리 혹을
뚝 떼어 갔어. 할아버지가 정신
을 차리고 보니, 혹은 사라지고
발밑에 보물이 수북했어.

이 이야기를 들은 심술혹부리는 샘이 나서 배가 아팠어.

"나도 도깨비를 만나러 가야겠구먼."

심술혹부리는 그 빈 집에 가서 도깨비들을 목이 빠지게 기다렸어. 왁자지껄 도깨비들이 나타나자 심술혹부리는 신이 나서 말했지.

"아이고, 또 노래주머니를 사려고 왔구먼.

이건 지난번보다 훨씬 좋은 노래 혹이라네."

"흥, 그렇게 좋단 말이지?"

도깨비들은 콧방귀를 뀌었지.

"그럼 두말하면 잔소리지."

"그렇게 좋으면 하나 더 갖고 가게. 철썩!"

도깨비들은 심술혹부리에게 혹을 하나 더 붙여주고는 후다닥 사라졌어.

"아이고, 혹 떼려다 혹 붙었네!"

심술혹부리는 욕심을 부리다가 '쌍혹부리'가 되었대.

다음 문장을 읽고 맞으면 ◯, 틀리면 X 하세요.

1. 윗마을에는 노래혹부리 할아버지가 살았고, 아랫마을에는 심술혹부리 할아버지가 살았다.	
2. 혹에서 노래가 나와 노래혹부리라고 불렀다.	
3. 매일 심술을 부려 심술혹부리라는 별명이 생겼다.	
4. 노래혹부리 할아버지는 노래를 잘할 뿐 아니라 마음씨도 좋았다.	
5. 노래혹부리 할아버지는 나무를 하러 갔다가 길을 잃어 산 속에 있는 빈 집에서 묵게 되었다.	
6. 노래혹부리 할아버지는 빈 집에서 무섭고 심심해서 노래를 불렀다.	
7. 도깨비들은 노래혹부리 할아버지 노래를 좋아했다.	
8. 도깨비들은 할아버지 혹에서 노래가 나온다고 생각했다.	
9. 도깨비들은 노래혹부리 할아버지 혹을 떼어 가고 보물을 남겨놓았다.	
10. 심술혹부리 할아버지는 보물을 얻은 노래혹부리 할아버지가 샘이 나서 배가 아팠다.	
11. 심술혹부리 할아버지는 나무를 하러 산에 갔다.	
12. 심술혹부리 할아버지가 혹을 팔려고 하자 도깨비들이 좋아 했다.	
13. 도깨비들은 심술혹부리 할아버지에게 혹을 하나 더 붙여주었다.	

다음 글을 읽고 알맞은 답을 고르거나 쓰세요.

　옛날 옛날, 윗마을에 노래를 잘 부르고 마음씨도 좋은 할아버지가 살았대. 할아버지가 노래를 부르며 일을 하면 마을 사람들은 덩실덩실 춤을 추었지. 그 할아버지 왼쪽 볼에는 조롱박처럼 커다란 혹이 달려 있었어. 사람들은 노래를 잘 부르는 이 할아버지를 '노래혹부리'라고 불렀어.

　아랫마을에도 오른 볼에 참외만한 혹을 달고 있는 할아버지가 살고 있었어. 사람들은 그 할아버지를 '심술혹부리'라고 불렀어. 지나가던 강아지를 발로 툭 차지 않나, 툭하면 동네 꼬마들을 놀려 울리지 않나, 다 쌓아놓은 나무를 무너뜨리지 않나, 매일 매일 심술을 부렸기 때문이지.

1. 윗마을 할아버지를 왜 '노래혹부리'라고 불렀나요?

　_____

2. 아랫마을 할아버지를 왜 '심술혹부리'라고 불렀나요?

　_____

3. 다음 글을 읽고 노래혹부리와 어울리는 행동에는 '노래'라고 쓰고 심술혹부리와 어울리는 행동에는 '심술'이라고 쓰세요.

① 길 잃은 아이 집을 찾아주었다.	
② 잘 쌓아 놓은 나무를 무너뜨렸다.	
③ 다쳐서 넘어진 사람을 일으켜주었다.	
④ 지나가던 사람 다리를 걸어 넘어뜨렸다.	

다음 글을 읽고 알맞은 답을 고르거나 쓰세요.

  어느 날, 노래혹부리 영감이 나무를 하러 산에 갔다가 그만 길을 잃었어. 이리 가도 제자리, 저리 가도 제자리만 맴돌았어. 해는 지고 길은 어둡고, 할 수 없이 혹부리 영감은 산 속에 있는 빈 집에서 하룻밤 묵기로 했지. 부엉이는 부엉부엉, 빈 집은 삐걱삐걱, 바람은 휘이잉, 혹부리 영감은 갑자기 겁이 덜컥 났어.
  "혼자 있으려니 무섭네그려. 노래나 한 자락 불러볼까? 아리아리랑, 쓰리쓰리랑, 아라리가 났네에에."
  할아버지가 구성지게 노래 한 가락을 뽑고 있는데 갑자기 우당탕쿵쾅 시끄러운 소리가 났어. 그건 바로 할아버지의 노랫소리를 엿듣던 도깨비들이었어.

1. 노래혹부리 할아버지는 왜 빈 집에서 하룻밤 묵게 되었나요?

   _____

2. 노래혹부리 할아버지는 왜 노래를 불렀나요? ·············· (   )

   ① 노래자랑을 하려고   ② 혼자 있으니 무서워서
   ③ 도깨비들에게 들려주려고   ④ 혹을 팔려고

3. 할아버지가 노래를 하는 동안 도깨비들은 무엇을 하고 있었나요?
   ·· (   )

   ① 함께 노래를 불렀다.
   ② 할아버지를 쫓아내려고 했다.
   ③ 할아버지 노래를 몰래 듣고 있었다.
   ④ 노래를 들으며 엿을 먹고 있었다.

4. 밑줄 친 부분을 읽고 어떤 행동을 했는지 흉내 내어 보세요.

 다음 글을 읽고 알맞은 답을 고르거나 쓰세요.

할아버지는 무서워서 눈앞이 캄캄해졌어. 도깨비들에게 혼쭐이 나겠다 싶었지. 그런데 대장 도깨비가 엉뚱한 소리를 하는 거야.

"노래 한번 구수하게 잘하는구려. 도대체 그 노래는 어디에서 나오는 거요?"

"그그…… 글쎄요. 그건 잘 몰라요."

할아버지는 가슴이 조마조마해서 조그만 목소리로 말했어.

"시치미 떼지 마시게. 그 혹에서 노래가 나오는구먼. 그 혹을 우리에게 떼어 주쇼."

도깨비들은 노래혹부리 혹을 뚝 떼어 갔어. 할아버지가 정신을 차리고 보니, 혹은 사라지고 발밑에 보물이 수북했어.

1. 할아버지가 도깨비들을 만났을 때 마음이 어땠을까요? (,   )

① 너무 무서워 앞이 잘 보이지 않았다. ② 도깨비들이 신기했다.

③ 도깨비들에게 혼나겠다고 생각했다. ④ 도깨비가 우스웠다.

2. 도깨비들은 할아버지를 보고 어떤 생각을 했을까요? ─── (   )

① '누가 우리 집에 함부로 들어온 거야?'

② '도깨비 집에 마음대로 들어왔으니 혼내줘야지.'

③ '저 훌륭한 노래는 대체 어디에서 나오는 걸까?'

3. 밑줄 친 부분과 바꿀 수 있는 말은 무엇인가요? ─────── (   )

① 수염을 잡아당기지 마시게. ② 아니라고 하지 마시게.

③ 혹을 떼지 마시게.   ④ 밥풀을 떼지 마시게.

4. 도깨비들은 할아버지 노래를 얻기 위해 어떻게 했나요?

다음 글을 읽고 알맞은 답을 고르거나 쓰세요.

이 이야기를 들은 심술혹부리는 샘이 나서 배가 아팠어.

"나도 도깨비를 만나러 가야겠구먼."

심술혹부리는 그 빈 집에 가서 도깨비들을 목이 빠지게 기다렸어. 왁자지껄 도깨비들이 나타나자 심술혹부리는 신이 나서 말했지.

"아이고, 또 노래주머니를 사려고 왔구먼. 이건 지난번보다 훨씬 좋은 노래 혹이라네."

"흥, 그렇게 좋단 말이지?"

도깨비들은 콧방귀를 뀌었지.

"그럼 두말하면 잔소리지."

"그렇게 좋으면 하나 더 갖고 가게. 철썩!"

도깨비들은 심술혹부리에게 혹을 하나 더 붙여주고는 후다닥 사라졌어.

"아이고, 혹 떼려다 혹 붙였네!"

심술혹부리는 욕심을 부리다가 '쌍혹부리'가 되었대.

1. 심술혹부리는 노래혹부리 할아버지 소식을 듣고 어떤 마음이었나요?

_____

2. 심술혹부리가 빈 집에서 도깨비를 기다린 까닭은 무엇인가요?

_____

3. 도깨비들은 심술혹부리의 말을 듣고 왜 콧방귀를 뀌었을까요? (   )

① 심술혹부리 할아버지가 노래를 잘 못 불러서

② 혹에서 노래가 나오지 않는다는 것을 알기 때문에

③ 심술혹부리 할아버지 혹이 비싸서

월   일   요일   확인

 글마중을 다시 읽고 알맞은 답을 쓰세요.

1. 이야기에 나오는 두 할아버지를 비교해 보세요.

별명	노래혹부리	_____
생김새	왼쪽 볼에 _____만한 혹이 달렸다.	_____볼에 참외만한 혹이 달렸다.
사는 곳		아랫마을
특징	_____를 잘 불렀다.	_____을 잘 부렸다.
성격		

2. 도깨비들은 왜 노래혹부리 할아버지 혹을 떼어 갔나요?

_____

3. 노래혹부리가 혹 뗀 이야기를 듣고 심술혹부리는 어떤 마음이었나요?

_____

4. 도깨비들은 심술혹부리가 혹을 사라고 했을 때 어떤 생각을 했을까요?

_____

5. 심술혹부리 할아버지는 결국 어떻게 되었나요?

_____

6. '혹부리 영감' 이야기를 읽고 얻은 교훈은 무엇인가요?   (   )

① 말을 조심해야 한다.   ② 너무 욕심부리면 벌을 받는다.
③ 아껴야 잘 산다.   ④ 항상 조심해서 행동해야 한다.

월   일   요일   확인

 그림을 보며 주인공이 어떤 생각을 했을지 쓰세요.

어느 날, 노래혹부리 영감이 나무를 하러 산에 갔다가 그만 길을 잃었어. 이리 가도 제자리, 저리 가도 제자리만 맴돌았어.		노래혹부리는 생각했지. '아이고 큰일 났네. 오늘 밤은 저 빈 집에서 자야겠다. 아휴 무서워.'
"노래 한번 구수하게 잘하는구려. 도대체 그 노래는 어디에서 나오는 거요?"		도깨비들은 생각했지. '_____ _____ , _____
할아버지가 정신을 차리고 보니, 혹은 사라지고 발밑에 보물이 수북했어.		노래혹부리는 생각했지. '_____ _____ , _____
"아이고, 노래주머니를 사려고 또 왔구먼. 이건 지난번보다 훨씬 좋은 노래 혹이라네." "흥, 그렇게 좋단 말이지?"		도깨비들은 생각했지. '_____ _____ , _____
도깨비들은 심술혹부리에게 혹을 하나 더 붙여주고는 후다닥 사라졌어.		심술혹부리는 생각했지. '_____ _____ , _____

글마중에 나오는 재미있는 표현을 배워 보고, 알맞은 뜻과 연결하세요.

〈표현〉

시치미를 떼다.

눈앞이 캄캄하다.

가슴이 조마조마 하다.

배가 아프다.

〈뜻〉

놀라거나 당황해서 어찌할 바를 모르다.

자기가 하고도 하지 않은 체 하거나 모른 체하다.

마음이 초조하고 불안하다.

남이 잘 되어 심술이 나다.

 위에서 어울리는 표현을 골라 다음 문장을 완성하세요.

1. 동생은 내 도넛을 먹지 않았다고 <u>시치미를</u>

2. 노래를 부르다가 틀릴까봐 _____

3. 새 신발을 잃어버린 줄 알고 _____

4. 동생만 옷을 사주다니 샘이 나서 _____

5. 갑자기 길을 잃어 _____

글마중에 나오는 재미있는 표현을 배워 보고, 알맞은 뜻과 연결하세요.

〈표현〉   〈뜻〉

목이 빠지게 기다리다. •   • 몹시 기다리다.

두말하면 잔소리 •   • 못마땅해서 남의 말을 들은 체 만 체하다.

혹 떼려다 혹 붙이다. •   • 부담을 덜려다 다른 일까지 맡게 되다.

콧방귀를 뀌다. •   • 이미 말한 내용이 틀림없다.

 위에서 어울리는 표현을 골라 다음 문장을 완성하세요.

1. 엄마가 간식을 사오기를 <u>목이 빠지게</u>

2. 친구와 만나기로 해서 동생이랑 놀아줄 수 없다고 했다. 그랬더니 아빠가 동생을 데리고 가서 놀라고 한다.

    ' _____ '

    _____

3. " 두말하면 _____ 약속 지킬테니 걱정하지 마."

4. 내가 우리 집 대청소를 하겠다고 했더니 엄마가 네 방이나 잘 치우라면서

    _____

뽐내기

⭐ **옛이야기를 친구들에게 재미있게 들려주고 간추려 쓰세요.**

1 옛날 옛날에 윗마을에 마음씨 좋고 노래를 잘 부르는 혹부리 할아버지가 살았대. 사람들은 '노래혹부리'라고 불렀대.

2 아랫마을에도 혹부리 영감이 살았는데 ----------

----

3 하루는 노래혹부리가 산에 나무를 하러 갔다가

5 그 말을 들은 심술혹부리는 샘이 나서 배가 아팠지. 심술혹부리는 산 속에 있는 빈 집에 도깨비를 만나러 갔어.

4 도깨비들은 노래혹부리 할아버지 혹을 -------------

----

6 도깨비들은 심술혹부리가 혹을 팔려고 하자

7 결국 심술혹부리는 ---------------------

문장을 자세히 표현해 봅시다.

★ 꾸미는 말을 <u>문장이나 구</u>로 자세히 표현해 봅시다.

1) '**어떤**'을 나타내는 문장이나 구

예) 도깨비들은 **할아버지가 부르는 노래**를 들었다.
　　　　　　　　어떤

 '어떤'을 표현하는 문장이나 구에 밑줄을 치세요.

〈예시〉

농부는 어떤 아들을 보고 깜짝 놀랐나요?

➡ 농부는 <u>아침 일찍 일하러 나온</u> **아들**을 보고 깜짝 놀랐다.

1. 우리는 어떤 밤을 먹었나요?

➡ 우리는 <u>도깨비가 가져다 준</u> **밤**을 먹었다.

2. 윗마을에 어떤 할아버지가 살았나요?

➡ 윗마을에 <u>노래를 잘 부르는</u> **할아버지**가 살았대.

3. 나는 어떤 생각이 들었나요?

➡ 나는 <u>민수가 착하다는</u> **생각**이 들었다.

4. 우리는 어떤 소식을 들었나요?

➡ 우리는 <u>우리나라 선수가 금메달을 땄다는</u> **소식**을 들었다.

선생님께 한마디 이 단원에서는 '관형사구나 관형절을 포함한 문장'을 표현해 보는 연습을 합니다. 관형사구나 관형절은 '어떤'에 해당하는 말로 체언을 꾸며주는 역할을 합니다.

그림을 보고 알맞은 문장이나 구를 〈보기〉에서 골라 쓰세요.

	진수는 [　　　　] 주먹밥을 제일 좋아한다.
	[　　　　　　] 사람은 소방관이다.
	호랑이는 [　　　　] 오누이를 쳐다봤다.
	우리는 [　　　　] 소식을 들었다.
	길에서 [　　　　] 동생을 만났다.
	명지는 [　　　　] 생각이 들었다.
	나는 [　　　　] 친구를 만났다.

〈보기〉

내가 커서 되고 싶은　　나무에 올라간　　엄마가 만든

진호가 불쌍하다는　　개와 산책을 가는　　엉엉 울고 있는

그 애가 밴드부가 됐다는　　비를 맞으며 뛰어다니는

〈보기〉에서 알맞은 문장이나 구를 골라 쓰세요.

1. 우리는 | 문이 잠긴 | 방에 들어가지 못했다.

2. [   ] 한글은 우수한 글자이다.

3. 엄마는 [   ] 우리를 칭찬해주셨다.

4. [   ] 시각은 9시였다.

5. 진석이는 [   ] 제안을 했다.

6. [   ] 음식은 볶음밥이다.

7. 길에서 [   ] 시각장애인을 보았다.

8. [   ] 문구점은 바로 여기다.

9. [   ] 이 필통은 누구 거야?

〈보기〉

가위바위보로 정하자는   세종대왕이 만든   문이 잠긴

사람이 없는   진이가 숙제를 끝낸   내가 지우개를 산

방 청소를 한   안내견과 함께 걸어가는

바닥에 떨어진   우리가 점심에 먹을

| 월 | 일 | 요일 | 확인 |

 그림을 보고 여러 가지로 표현해 보세요.

〈예시〉

우리는
| 사람이 없는 |
| 예쁜 꽃이 가득한 |
| 늘 다니던 |
공원을 산책했다.

호랑이는
| |
| |
| |
나무를 보았다.

내 동생은
| |
| |
| |
토끼를 좋아한다.

둥지에
| |
| |
| |
알이 있다.

우리말
약속

월   일   요일   확인

 그림을 보고 문장을 완성하세요.

	☐ 아저씨가 걸어갔다.
	이모는 ☐ 빵을 만들었다.
	나는 ☐ 친구를 도와주었다.
	강아지가 ☐ 고기는 상했다.
	동생이 ☐ 아이스크림은 내 꺼다.
	동생이 ☐ 채소이다.
	나는 ☐그 애가 ☐ 생각이 들었다.
	우리는 ☐ 곳에서 쓰레기를 주웠다.

월   일   요일   확인

 그림을 보고 알맞은 문장을 채워 쓰세요.

우리 가족은 주말에 캠핑을 갔다. 아빠가 직접 [   ] 바비큐는

꿀맛이었다. 내가 [   ] 물고기를 구워 먹기도

했다. 아빠는 정상까지 [   ] 의견을 내셨다.

내가 [   ] 침낭은 참 포근했다.

이야기를 재미있게 완성해 보세요.

옛날에 두 혹부리영감이 살았어요. 윗마을에는 혹이

[   ] 할아버지가 살았어요. 사람들

은 노래를 [   ] 할아버지를 '노래혹부리'라고 불

렀어요. 아랫마을에는 혹이 [   ] 할아버지가 살

았어요. 사람들은 심술을 [   ]

할아버지를 '심술혹부리'라고 불렀어요.

선생님께 한마디 다양하게 문장을 표현하기 위한 학습이므로 '어떤'에 해당하는 문장을 꼭 쓰지 않더라도 내용과 문법에 맞게 쓰면 허용해 주세요.

다섯 친구 이야기

옛날 옛날 어느 산골에 할아버지와 할머니가 살고 있었습니다. 할머니와 할아버지에게는 아이가 없어서 매일 자식을 달라고 빌었습니다. 그러던 어느 날 하늘에서 목소리가 들렸습니다.

"깨끗한 단지에 오줌을 담아 땅에 묻어라. 그럼 소원을 이룰 것이다."

할아버지와 할머니는 오줌을 담아 정성껏 단지를 묻고 손꼽아 기다렸습니다. 열 달이 지나 단지를 열어보았더니 정말 아기가 들어 있었습니다. 단지에서 나왔다고 해서 아기 이름을 '단지손이'라고 지었습니다.

단지손이는 신기하게도 금세 자랐습니다. 힘이 장사여서 큰 바위도 번쩍 들고 맨손으로 밭도 갈았습니다.

어느 날 단지손이는 세상 구경을 하러 길을 떠났습니다.

　단지손이가 한참 길을 가는데 커다란 나무가 누웠다 일어섰다 하는 것이었습니다. 가까이 가보니 코를 골며 자는 아이가 있었습니다. 콧바람이 얼마나 센지 나무가 오르락내리락 했습니다. 단지손이와 콧바람손이는 친구가 되어 함께 떠났습니다.

　　　　단지손이와 콧바람손이가 한참을 걷고 있는데 갑자기 개울이 생기더니 물이 콸콸 흘러갔습니다. 물길을 따라가 보니 어떤 아이가 오줌을 누고 있었습니다.
"난 세상에서 오줌을 가장 많이 누는 오줌손이야."
셋은 친구가 되어 세상 구경을 떠났습니다.

　단지손이와 콧바람손이와 오줌손이는 고갯길을 오르다가 배를 메고 다니는 배손이를 만났습니다. 넷은 다 같이 친구가 되어 길을 떠났습니다.

　　　　단지손이와 콧바람손이와 오줌손이와 배손이가 가는데 어디선가 쿵쿵 소리가 나며 땅이 흔들렸습니다. 무쇠 신을 신은 무쇠손이였습니다. 다섯은 친구가 되어 다 함께 세상 구경을 하러 나섰습니다.

다섯 친구가 한참 길을 가는데 날이 어둑어둑 저물었습니다. 산 중턱에 있는 외딴집에서 하루 묵고 가기로 했습니다. 한밤중이 되자 갑자기 호랑이들이 들이닥쳤습니다.

"여긴 우리 집인데 누가 들어 온 거야? 먹잇감이 되려고 제 발로 왔구먼."

"어림없는 소리, 우리랑 힘겨루기 내기나 하자."

다섯 친구들은 눈썹도 까딱하지 않고 말했습니다.

첫 번째는 나무를 빨리 베는 내기였습니다. 단지손이는 맨손으로 툭, 콧바람손이는 콧바람으로 흐으응, 무쇠손이는 무쇠발로 쾅쾅. 나무들이 우수수 넘어졌습니다, 나무를 베다 지친 호랑이들은 다섯 친구를 보며 혀를 내둘렀습니다.

두 번째는 둑쌓기 내기였습니다. 호랑이들이 둑을 쌓았다가 무너뜨리면 다섯 친구가 밑에서 둑을 막기로 했습니다. 콸콸 콸 물이 쏟아지자 단지손이가 발 벗고 나섰습니다. "으이차!" 커다란 바위를 던져 물줄기를 막았습니다. 두 번째 내기도 다섯 친구가 이겼습니다. 호랑이들은 코가 납작해졌습니다.

세 번째는 나무를 빨리 쌓는 내기였습니다. 다섯 친구는 금세 하늘 높이 나뭇단을 쌓았습니다. 그때 호랑이들이 비겁하게 나뭇단에 불을 붙였습니다. 불길은 금방이라도 다섯 친구를 삼켜버릴 것 같았습니다. 하늘이 노래지려는 순간 오줌손이가 '쏴아아아' 오줌을 누어 불을 껐습니다. 오줌은 눈 깜짝할 사이에 바다가 되었습니다. 배손이는 배를 띄우고, 콧바람손이는 콧바람을 불어 파도를 일으켰습니다. 호랑이들은 허우적대며 파도에 밀려갔습니다.

손발이 척척 맞는 다섯 친구는 재미있는 세상 구경을 하러 또 떠났답니다.

다음 문장을 읽고 맞으면 ○, 틀리면 X 하세요.

1. 할아버지, 할머니가 우연히 길에서 주운 단지에서 단지손이가 나왔다.	
2. 단지에 오줌을 담아 묻고 열 달을 기다렸다가 나온 아이라서 단지손이라고 이름을 지었다.	
3. 단지손이는 금방 자랐고 나무를 뽑을 만큼 힘이 장사였다.	
4. 단지손이는 세상 구경을 하러 집을 떠났다.	
5. 단지손이가 처음 만난 친구는 오줌을 많이 누는 오줌손이였다.	
6. 나무를 쓰러뜨릴 만큼 콧바람이 센 콧바람손이를 만났다.	
7. 배손이는 배가 커서 배손이라고 불렀다.	
8. 무쇠 신을 신은 무쇠손이를 마지막으로 만나 다섯은 모두 친구가 되었다.	
9. 다섯 친구가 외딴집에서 잠을 자려고 할 때 호랑이가 나타나 잡아먹으려고 했다.	
10. 호랑이와 나무 빨리 베기를 했는데 단지손이, 콧바람손이, 무쇠손이가 나무를 빨리 베어 내기에서 이겼다.	
11. 둑쌓기 내기에서는 배손이가 바위를 던져 물줄기를 막았다.	
12. 나무를 빨리 쌓는 내기에서 호랑이들이 붙인 불을 오줌손이가 껐다.	
13. 오줌손이 오줌 때문에 바다가 되자 배손이가 배를 띄우고 콧바람손이가 바람을 불어 파도를 일으켰다.	
14. 다섯 친구는 호랑이를 이기고 각자 집으로 돌아갔다.	

월   일   요일   확인

 그림을 보고 다섯 친구의 이름과 재주를 쓰세요.

다섯 친구

다음 글을 읽고 알맞은 답을 고르거나 쓰세요.

옛날 옛날 어느 산골에 할아버지와 할머니가 살고 있었습니다. 할머니와 할아버지에게는 아이가 없어서 매일 자식을 달라고 빌었습니다. 그러던 어느 날 하늘에서 목소리가 들렸습니다.

"깨끗한 단지에 오줌을 담아 땅에 묻어라. 그럼 소원을 이룰 것이다."

할아버지와 할머니는 오줌을 담아 정성껏 단지를 묻고 <u>손꼽아</u> 기다렸습니다. 열 달이 지나 단지를 열어보았더니 정말 아기가 들어 있었습니다. 단지에서 나왔다고 해서 아기 이름을 '단지손이'라고 지었습니다.

1. 할아버지와 할머니의 소원은 무엇이었나요?

   _____

2. 단지손이가 태어난 과정이 <u>아닌</u> 것은 무엇인가요? ·········· (   )

   ① 할머니, 할아버지가 하늘에 빌어서 아기가 태어났다.
   ② 단지에 오줌을 담아 땅에 묻었다.
   ③ 우연히 길에서 발견한 단지 안에 단지손이가 있었다.
   ④ 단지를 묻고 열 달 동안 손꼽아 기다렸다.

3. 왜 이름을 '단지손이'라고 지었나요?

   _____

4. 밑줄 친 '손꼽아'와 같은 뜻으로 쓰인 문장을 고르세요. ···· (   )

   ① 아이는 손꼽으며 더하기를 했다.
   ② 소풍갈 날을 손꼽아 기다렸다.
   ③ 김연아 선수를 가장 위대한 선수로 손꼽는다.

다음 글을 읽고 알맞은 답을 고르거나 쓰세요.

　단지손이는 신기하게도 금세 자랐습니다. 힘이 장사여서 큰 바위도 번쩍 들고 맨손으로 밭도 갈았습니다. 어느 날 단지손이는 세상 구경을 하러 길을 떠났습니다.

　단지손이가 한참 길을 가는데 커다란 나무가 누웠다 일어섰다 하는 것이었습니다. 가까이 가보니 코를 골며 자는 아이가 있었습니다. 콧바람이 얼마나 센지 나무가 오르락내리락 했습니다. 단지손이와 콧바람손이는 친구가 되어 함께 떠났습니다.

1. 단지손이에 대한 설명으로 <u>틀린</u> 것은 무엇인가요? ……… (　　　　　)

　① 신기하게 금방 자랐다.
　② 단지만큼 작았다.
　③ 힘이 장사여서 큰 바위도 번쩍 들었다.
　④ 맨손으로 밭을 갈았다.

2. 단지손이는 왜 길을 떠났나요?

　_____

3. 커다란 나무가 누웠다 일어섰다 하는 이유는 무엇이었나요?

　_____

4. 단지손이가 처음 만난 친구는 어떤 아이였나요? (　　　　,　　　　)

　① 콧바람손이
　② 코가 큰 아이
　③ 세상에서 코를 제일 잘 푸는 아이
　④ 세상에서 콧바람이 가장 센 아이

 다음 글을 읽고 알맞은 답을 고르거나 쓰세요.

　　단지손이와 콧바람손이가 한참을 걷고 있는데 갑자기 개울이 생기더니 물이 콸콸 흘러갔습니다. 물길을 따라가 보니 어떤 아이가 오줌을 누고 있었습니다.
　　"난 세상에서 오줌을 가장 많이 누는 오줌손이야."
　　셋은 친구가 되어 세상구경을 떠났습니다.
　　단지손이와 콧바람손이와 오줌손이는 고갯길을 오르다가 배를 메고 다니는 배손이를 만났습니다. 넷은 다 같이 친구가 되어 길을 떠났습니다.
　　단지손이와 콧바람손이와 오줌손이와 배손이가 길을 가는데 어디선가 쿵쿵 소리가 나며 땅이 흔들렸습니다. 무쇠 신을 신은 무쇠손이였습니다. 다섯은 친구가 되어 다 함께 세상구경을 하러 나섰습니다.

1. 단지손이와 콧바람손이가 걷고 있을 때 생긴 개울은 무엇이었나요?

＿＿＿＿＿＿＿＿＿＿＿＿＿＿＿＿＿＿＿＿＿＿＿＿＿＿＿＿

2. 쿵쿵 소리가 나며 땅이 흔들린 이유는 무엇이었나요?

＿＿＿＿＿＿＿＿＿＿＿＿＿＿＿＿＿＿＿＿＿＿＿＿＿＿＿＿

3. 누가 한 일인지 연결해 보세요.

　　큰 나무가 오르락내리락했다.　●　　　　　●　배손이

　　배가 언덕 위로 올라왔다.　●　　　　　●　콧바람손이

　　갑자기 개울이 생겨 물이 흘렀다.　●　　　　　●　무쇠손이

　　쿵쿵 소리가 나며 땅이 흔들렸다.　●　　　　　●　오줌손이

월   일   요일   확인

 다음 글을 읽고 알맞은 답을 고르거나 쓰세요.

　　다섯 친구가 한참 길을 가는데 <u>날이 어둑어둑 저물었습니다</u>. 산 중턱에 있는 외딴집에서 하루 묵고 가기로 했습니다. 한밤중이 되자 갑자기 호랑이들이 들이닥쳤습니다.

　　"여긴 우리 집인데 누가 들어 온 거야? 먹잇감이 되려고 제 발로 왔구먼."

　　"어림없는 소리, 우리랑 힘겨루기 내기나 하자."

　　다섯 친구들은 <u>눈썹도 까딱하지 않고</u> 말했습니다.

1. '<u>날이 어둑어둑 저물었습니다.</u>'는 하루 중 언제일까요? (　　　　)

　　① 새벽　　　　② 아침　　　　③ 점심　　　　④ 저녁

2. 날이 저물자 다섯 친구는 어떻게 하기로 했나요?

　　_____

3. 외딴집에서 다섯 친구들은 어떤 일을 겪었나요?

　　_____

4. 다섯 친구들은 호랑이를 보고 어떻게 행동했나요? (　　　,　　　)

　　① 눈썹을 움직였다.　　　　② 도망갔다.

　　③ 무서워하지 않았다.　　　④ 내기를 하자고 했다.

5. 밑줄 친 '<u>눈썹도 까딱하지 않고</u>'와 바꿔 쓸 수 있는 말은? (　　　　)

　　① 눈 아프게　　　　　② 태연하게

　　③ 눈물 나게　　　　　④ 깜짝 놀라며

다음 글을 읽고 알맞은 답을 고르거나 쓰세요.

　첫 번째는 나무를 빨리 베는 내기였습니다. 단지손이가 맨손으로 툭, 콧바람손이는 콧김으로 흐으응, 무쇠손이는 무쇠발로 쾅쾅. 나무들이 우수수 넘어졌습니다, 나무를 베다 지친 호랑이들은 다섯 친구를 보며 혀를 내둘렀습니다.

　두 번째는 둑쌓기 내기였습니다. 호랑이들이 둑을 쌓았다가 무너뜨리면 다섯 친구가 밑에서 둑을 막기로 했습니다. 콸콸콸 물이 쏟아지자 단지손이가 발 벗고 나섰습니다. "으이차!" 커다란 바위를 던져 물줄기를 막았습니다. 두 번째 내기도 다섯 친구가 이겼습니다. 호랑이들은 <u>코가 납작해졌습니다.</u>

1. 첫 번째 내기는 무엇이었나요? ＿＿＿＿＿＿＿＿＿＿＿＿＿＿

2. 첫 번째 내기에서 다섯 친구들은 나무를 어떻게 베었나요?

단지손이	맨손으로 툭 쳤습니다.
콧바람손이	
무쇠손이	

3. 호랑이들은 다섯 친구를 보며 왜 혀를 내둘렀을까요? …… (　　　)

　① 나무를 정말 잘 베는 것을 보고　② 놀리려고

　③ 혀를 깨물어서　　　　　　　　④ 큰 소리로 겁주려고

4. '호랑이들은 <u>코가 납작해졌습니다.</u>'는 무슨 뜻일까요? …… (　　　)

　① 바윗돌에 맞아 호랑이 코가 낮아졌습니다.

　② 호랑이들이 내기에서 져서 기가 죽었습니다.

　③ 호랑이들은 코가 못생겼습니다.

다음 글을 읽고 알맞은 답을 고르거나 쓰세요.

세 번째는 나무를 빨리 쌓는 내기였습니다. 다섯 친구는 금세 하늘 높이 나뭇단을 쌓았습니다. 그때 호랑이들이 비겁하게 나뭇단에 불을 붙였습니다. 불길은 금방이라도 다섯 친구를 삼켜버릴 것 같았습니다. 하늘이 노래지려는 순간 오줌손이가 '쏴아아아' 오줌을 누어 불을 껐습니다. 오줌은 눈 깜짝할 사이에 바다가 되었습니다. 배손이는 배를 띄우고, 콧바람손이는 콧바람을 불어 파도를 일으켰습니다. 호랑이들은 허우적대며 파도에 밀려갔습니다.

손발이 척척 맞는 다섯 친구는 재미있는 세상구경을 하러 또 떠났답니다.

1. 호랑이들은 다섯 친구들을 어떤 위험에 빠뜨렸나요? ········ (   )

① 나뭇단을 무너뜨렸다.　　　　② 오줌을 누었다.

③ 나뭇단에 불을 붙여 뜨겁게 만들었다.

④ 나뭇단을 쌓지 못하게 방해했다.

2. 다섯 친구가 처한 어려움을 누가 어떻게 해결했는지 써 보세요.

어려움	누가	어떻게 해결했나?
불길이 뜨겁게 올라와서		
오줌바다가 생겨서		
호랑이들을 쫓기 위해		

3. 아래 문장의 알맞은 뜻을 연결해 보세요.

하늘이 노래지다. •　　　• 매우 짧은 순간에

눈 깜짝할 사이에 •　　　• 정신이 아찔하다.

손발이 척척 맞다. •　　　• 서로 호흡이 잘 맞다.

글마중을 다시 읽고 알맞은 답을 고르거나 쓰세요.

1. 단지손이는 어떻게 태어나게 되었나요? _____

2. 다섯 친구는 각각 어떤 아이였는지 연결해 보세요.

단지손이 •	• 세상에서 제일 오줌을 많이 누는 아이
콧바람손이 •	• 힘이 아주 센 아이
오줌손이 •	• 배를 메고 다니는 아이
배손이 •	• 무쇠 신을 신고 다니는 아이
무쇠손이 •	• 세상에서 제일 콧비람이 센 아이

3. 다섯 친구는 세상 구경을 하다가 어떤 어려움에 처했나요?

_____

4. 다섯 친구들이 호랑이와 한 내기가 <u>아닌</u> 것을 고르세요. (   )

① 둑 빨리 쌓기   ② 나무 빨리 베기
③ 나무 빨리 쌓기   ④ 불끄기 내기

5. 다섯 친구들이 호랑이와의 내기에서 어떤 일을 했는지 연결해 보세요.

단지손이 •	• 콧바람으로 나무를 베었다.
콧바람손이 •	• 오줌바다에 배를 띄웠다.
오줌손이 •	• 오줌으로 불을 껐다.
배손이 •	• 무쇠발로 쾅쾅 나무를 베었다.
무쇠손이 •	• 큰 바위를 던져 물줄기를 막았다.

130

다섯 친구는 어려움이 있을 때 저마다 특별한 능력으로 해결했어요. 어떻게 해결했는지 써 보세요.

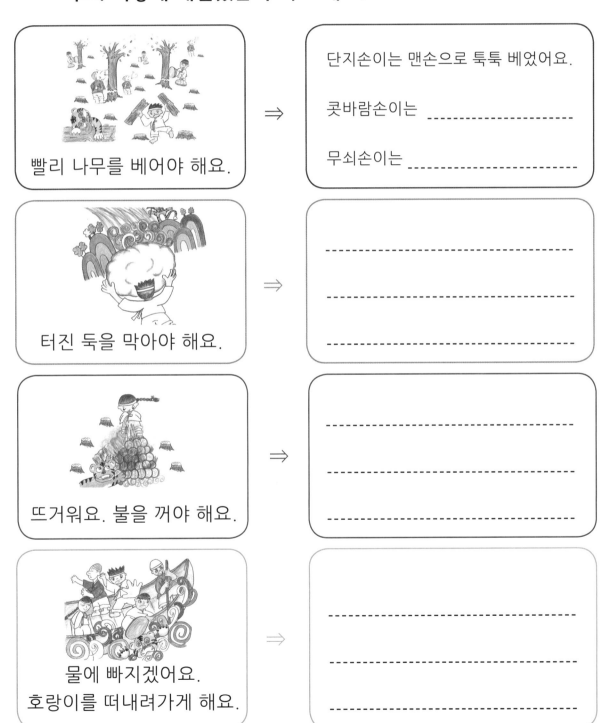

빨리 나무를 베어야 해요.

⇒

단지손이는 맨손으로 툭툭 베었어요.

콧바람손이는 _____

무쇠손이는 _____

터진 둑을 막아야 해요.

⇒

_____

_____

_____

뜨거워요. 불을 꺼야 해요.

⇒

_____

_____

_____

물에 빠지겠어요.
호랑이를 떠내려가게 해요.

⇒

_____

_____

_____

글마중에 나오는 재미있는 표현을 배워 보고, 알맞은 뜻과 연결하세요.

〈표현〉

〈뜻〉

손꼽아 기다리다.   몹시 놀라서 말을 못하다.

눈썹도 까딱하지 않다.   적극적으로 나서다.

혀를 내두르다.   기대에 차서 날짜를 꼽으며 기다리다.

발 벗고 나서다.   놀라기는 커녕 아주 태연하다.

 위에서 어울리는 표현을 골라 다음 문장을 완성하세요.

1. 우리는 여름방학이 되기를 <u>손꼽아 기다린다.</u>

2. 지수가 생일 파티를 도와주겠다고 _____

3. 달리기가 얼마나 빠른지 _____

4. 옆집 개가 사납게 짖어도 _____

월　　　일　　　요일　　확인

 글마중에 나오는 재미있는 표현을 배워 보고, 알맞은 뜻과 연결하세요.

〈표현〉　　　　　　　　　　　　　　　　　〈뜻〉

코가 납작해지다. •

하늘이 노래지다. •

눈 깜짝할 사이 •

손발이 척척 맞다. •

• 몹시 무안을 당하거나 기가 죽다.

• 함께 일을 하는 데 마음과 행동이 맞다.

• 충격을 받아 갑자기 아찔하다.

• 매우 짧은 순간

 위에서 어울리는 표현을 골라 다음 문장을 완성하세요.

1. 놀이공원에서 엄마를 잃어버린 줄 알고 <u>하늘이 　　　　　　　　　</u>

2. 배가 고파서 _____ 에 빵을 다 먹었다.

3. 모둠 활동할 때 나는 지수와 <u>손발이 　　　　　　　　　</u>

4. 내가 달리기에 이겨서 큰소리치던 지수 _____

 다섯 친구는 재주를 이용하여 사람들을 도와주기로 했습니다.
각자 어떤 광고를 했을까요?

나는 콧바람이 센 콧바람손이입니다.

연날리기할 때 연이 날아가지 않으면 나를

불러주세요. 바람을 세게 불어 드릴게요.

'다섯 친구 이야기'의 뒷부분을 상상해 보세요. 다섯 친구에게 어떤 모험이 기다리고 있을지 재미있게 이야기를 꾸미고 그림을 그려 보세요.

호랑이를 물리친 다섯 친구는 또 다시 세상 구경을 떠났습니다.

다섯 친구는 날이 저물어 외딴집에 갔습니다. 거기에서 갑자기

문장을 자세히 표현해 봅시다.

★ 꾸미는 말을 <u>문장이나 구</u>로 자세히 표현해 봅시다.

　1) '<u>어떻게</u>'를 나타내는 문장이나 구

　예) 그 친구는 항상 **기분 나쁘게 말한다.**

　　어떻게

 '어떻게'를 표현하는 문장이나 구에 밑줄을 치세요.

<예시>

아이스크림은 어떻게 차가웠나요?

➡️ | 아이스크림은 <u>이가 시리게</u> **차가웠다.** |

1. 엄마는 어떻게 나갔나요?

➡️ | 엄마가 소리도 없이 **나갔다.** |

2. 심술혹부리는 도깨비를 어떻게 기다렸나요?

➡️ | 심술혹부리는 도깨비를 목이 빠지게 **기다렸어.** |

3. 아이들은 어떻게 기뻐했나요?

➡️ | 아이들은 펄쩍 뛸 듯이 **기뻐했어.** |

4. 생일상이 어떻게 차려져 있었나요?

➡️ | 생일상이 상다리가 부러지도록 **차려져 있었다.** |

선생님께 한마디 이 단원에서는 '부사구와 부사절'을 표현해 보는 연습을 합니다. 부사구나 부사절은 '어떻게'에 해당하는 말로 용언을 꾸며주는 역할을 합니다.

그림을 보고 알맞은 문장이나 구를 〈보기〉에서 골라 쓰세요.

	친구가 [ ] 놀렸다.
	김치찌개가 [ ] 매웠다.
	친구는 [ ] 세게 쳤다.
	사과가 [ ] 많이 달렸다.
	햇볕이 [ ] 쨍쨍 내리쬐었다.
	소년은 첫 시합에서 [ ] 이겼다.
	아이들은 [ ] 재잘거렸다.
	할아버지 생신 파티를 [ ] 열었다.

〈보기〉

딱지가 뒤집히도록　　　소리가 나게　　　기분이 나쁘게

눈물이 나게　　　가지가 부러지도록　　　머리가 아프게

무척 소란스럽게　　　매우 성대하게　　　보란 듯이

〈보기〉에서 알맞은 문장이나 구를 골라 쓰세요.

1. 저 아이는 ☐☐☐☐☐☐☐ 생겼다.

2. 우리는 ☐☐☐☐☐☐☐ 집을 만들어 주었다.

3. 친구가 ☐☐☐☐☐☐☐ 이야기를 했다.

4. 엄마는 ☐☐☐☐☐☐☐ 설탕을 넣었다.

5. 아빠는 ☐☐☐☐☐☐☐ 담아주었다.

6. 지는 해가 ☐☐☐☐☐☐☐ 빨갰다.

7. 우리 가족은 | 장마 | 조심했다.

〈보기〉

너무 재미없게	단맛이 나도록	찌개가 넘치게
불이 붙은 듯이	피해가 없도록	재주가 있게
아주 재미있게	토끼가 마당에서 살도록	

월   일   요일   확인

 그림을 보고 여러 가지로 표현해 보세요.

〈예시〉

언니는
| 큰 소리로 서럽게 |
| 콧물을 훌쩍거리며 |
| 엄마가 보란 듯이 |
울었습니다.

나뭇잎이
| |
| |
| |
떨어졌다.

우리 가족은
| |
| |
| |
웃었다.

짜장면이
| |
| |
| |
맛있었다.

 그림을 보고 자세히 표현해 보세요.

	바람이	모자가	불었다.
	아이들은		박수쳤다.
	아저씨는	땀이	일했다.
	진수는 할머니 어깨를		주물렀다.
	우리는	아기가	조용히 놀았다.
	저 아이가	힘이	생겼다.
	보건선생님은	상처가	치료해주셨다.
	계곡물은	발이	차가웠다.

그림을 보고 알맞은 문장을 채워 쓰세요.

우리는 도깨비캠프에서 전래놀이를 [   ] 했습니다.

철수는 산가지로 집을 만들었습니다. 나는 [   ] 힘

을 내어 씨름에서 이겼습니다. 민수는 팽이를 [   ]

돌렸습니다. 밤에는 쥐불놀이도 [   ] 했습니다.

이야기를 재미있게 완성해 보세요.

다섯 친구는 함께 여행을 떠났어. 단지손이는 [   ]

힘 이 셌지. 콧바람손이는 [   ] 콧바람이 강

했어. 오줌손이는 [   ] 오줌을 많이 눴지. 배

손이는 커다란 배를 메고 다녔어. 무쇠손이는 무거운 무쇠 신발이

[   ] 가볍게 신고 다녔어.

선생님께 한마디   다양하게 문장을 표현하기 위한 학습이므로 '어떻게'에 해당하는 문장이나 구를 쓰지 않
더라도 내용과 문법에 맞게 쓰면 허용해 주세요.

해와 달이 된 오누이

옛날 옛날 어느 산골에 홀어머니가 아들 딸 오누이를 데리고 살았어. 어머니는 오누이를 눈에 넣어도 아프지 않을 만큼 사랑했어. 하루는 고개 넘어 잔칫집에 일을 도와주러 가야 했어. 가면서 오누이에게 귀에 못이 박히도록 말했지.

"누가 와서 문 열어 달라고 해도 함부로 열어 주어선 안 된다."

어머니는 하루 종일 잔칫집에서 허리가 휘도록 일을 하고, 떡 한 바구니를 받아 집으로 돌아오고 있었어.

'어서 가서 맛있는 떡을 아이들에게 주어야지.'

힘들었시만 아이들 생각에 발걸음이 가벼웠어. 어머니가 떡을 이고 어둑어둑해진 산길을 걸어가는데, 첫째 고개를 넘기도 전에 호랑이가 나타났어.

"떡 하나 주면 안 잡아먹지."

어머니는 겁이 나 손에 땀을 쥐었어. 무서웠지만 꾹 참고 떡을 한 개 주었어.

두 고개 넘어가니 아까 그 호랑이가 "어흥." 하고 또 나타났어. 호랑이는 또 "떡 하나 주면 안 잡아먹지." 하거든. 어머니는 할 수 없이 떡을 또 줬어. 호랑이는 다 먹고는 어슬렁어슬렁 가버렸어. 세 고개 넘어가니 호랑이가 또 나타나 "어흥, 떡 하나 주면 안 잡아먹지." 하지 뭐야. 결국 남은 떡을 다 털어주었어.

마지막 네 고개를 넘는데 호랑이가 또 나타났어.

"이젠 떡이 더 이상 없단다. 우리 아이들이 기다리니 얼른 보내다오."

하지만 피도 눈물도 없는 호랑이는 어머니를 냉큼 잡아먹었어. 호랑이는 어머니 옷을 입고, 어머니 머릿수건을 쓰고 아이들이 기다리는 집으로 갔어.

"얘들아, 엄마다. 어서 문 열어라."

어머니만 목이 빠지게 기다리던 동생은 문을 열려고 했어. 그 때 오빠가 동생을 말리며 말했어.

"우리 엄마 맞아요? 그런데 목소리가 왜 그래요?"

"추운데 고개 넘느라 감기가 들어서 그렇단다. 어서 문 열어라."

오빠는 어머니가 갈 때 하던 말이 생각나 이렇게 말했어.

"그럼 문틈으로 손을 들이밀어 봐요. 우리 엄마 손인지 보게."

호랑이는 부엌에 가서 밀가루를 바르고는 문틈으로 앞발을 쑥 들이밀었어. 만져보니 털은 부숭부숭, 발톱은 뾰족뾰족했어. 깜짝 놀란 오누이는 뒷문으로 나가 우물가 버드나무 위로 올라갔어.

이리저리 오누이를 찾던 호랑이는 우물 속에 비친 오누이의 얼굴을 보고 우물 속으로 들어가려고 했어. 이 모습을 본 여동생은 깔깔거리고 웃었어. 그제야 호랑이는 오누이가 나무 위에 있는 것을 알았어.

"애들아, 거기 어떻게 올라갔니?"

"손에다 참기름을 바르고 올라왔지."

오빠가 말했어. 호랑이가 참기름을 잔뜩 바르고 나무 위로 오르려고 하니 계속 미끄러졌어. 한 발 잡고 미끄러지고, 두 발 잡고 미끄러지고 하다 엉덩방아를 찧었지. 그 모습을 본 여동생이 배꼽을 잡고 웃다가 이렇게 말했지 뭐야.

"바보 같으니, 도끼로 콩콩 찍어서 올라오면 되잖아!"

"누워서 떡 먹기군."

호랑이는 얼른 도끼를 가져와 쿵쿵 찍으며 나무 위로 성큼성큼 올라왔어.

오누이는 눈앞이 캄캄해져서 하느님께 기도했어.

"하느님, 하느님, 우리를 살려주시려거든 튼튼한 동아줄을 내려 주시고, 우리를 죽이시려거든 썩은 동아줄을 내려 주세요."

잠시 후 튼튼한 동아줄이 내려와 오누이는 하늘로 올라갔어. 그러자 호랑이도 오누이를 따라서 똑같이 기도를 했어.

"어흥, 하느님. 어흥, 하느님. 저를 살려주시려거든 썩은 동아줄을 주시고, 저를 죽이시려거든 튼튼한 동아줄을 주세요."

호랑이는 오누이 말을 한 귀로 듣고 한 귀로 흘렸는지 엉뚱하게 기도를 했어.

잠시 후 하늘에서 동아줄이 내려
와 호랑이도 오누이를 쫓아 올라
갔어. 오누이는 가슴이 조마조마
했어. 그 때 호랑이가 잡은 동아줄
이 툭 끊어졌어. 호랑이 동아줄은
썩은 동아줄이었던 거지. 호랑이
는 수수밭에 떨어졌어. 수숫대가
빨간 것은 그때 호랑이 궁둥이가
찔려서 그래.

하늘로 올라간 오누이는 여동생은 해가 되고, 오빠는 달
이 되었어. 그리고 어머니는 구름이 돼서 밤낮으로 해와
달이 잘 있는지 지켜본단다. 사람들이 자꾸 쳐다보면 슬쩍
가려주기도 하고 말이야.

다음 문장을 읽고 맞으면 ○, 틀리면 X 하세요.

1. 어머니와 오누이는 도시에서 살았다.	
2. 일하러 가면서 어머니는 문을 열어주지 말라고 당부했다.	
3. 호랑이가 떡을 빼앗다가 엄마를 잡아먹었다.	
4. 오누이는 호랑이가 엄마인 줄 알고 문을 열어줬다.	
5. 호랑이는 감기가 들어서 목소리가 이상했다.	
6. 호랑이는 부엌에 가서 설탕을 바르고 앞발을 내밀었다.	
7. 오누이는 우물 아래로 도망갔다.	
8. 호랑이는 물에 비친 오누이를 보고 오누이가 우물 속에 있는 줄 알았다.	
9. 오누이는 참기름을 바르고 나무로 올라갔다.	
10. 호랑이가 자꾸 미끄러진 것은 도끼로 찍으며 올라갔기 때문이다.	
11. 오빠가 참기름을 바르고 올라오라고 한 것은 호랑이를 올라오지 못하게 하려고 그런 것이다.	
12. 호랑이는 하늘에 튼튼한 동아줄을 내려달라고 빌었다.	
13. 호랑이가 수수밭에 떨어져 수수가 붉은 색이 되었다고 한다.	
14. 오누이는 하늘에 올라가 해와 달이 되었다.	

신나는
글읽기

순서에 맞게 그림에 번호를 쓰고 이야기를 꾸며 말해 보세요.

① 옛날 옛날에 어느 산골 외딴집에 홀어머니와 오누이가 살았어요.

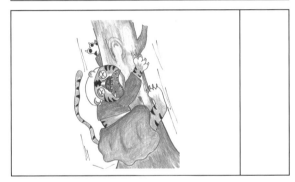

다음 글을 읽고 알맞은 답을 고르거나 쓰세요.

옛날 옛날 어느 산골에 홀어머니가 아들 딸 오누이를 데리고 살았어. 어머니는 오누이를 <u>눈에 넣어도 아프지 않을 만큼</u> 사랑했어. 하루는 고개 넘어 잔칫집에 일을 도와주러 가야 했어. 가면서 오누이에게 <u>귀에 못이 박히도록</u> 말했지.

"누가 와서 문 열어 달라고 해도 함부로 열어 주어선 안 된다."

어머니는 하루 종일 잔칫집에서 <u>허리가 휘도록</u> 일을 하고, 떡 한 바구니를 받아 집으로 돌아오고 있었어.

'어서 가서 맛있는 떡을 아이들에게 주어야지.'

힘들었지만 아이들 생각에 <u>발걸음이 가벼웠어.</u>

1. 홀어머니는 오누이를 어떻게 생각했나요? .... (   )

① 오누이를 무척 사랑한다.   ② 오누이에게 잔소리를 해야 한다.
③ 오누이는 장난꾸러기다.   ④ 오누이를 잔칫집에 데려가고 싶다.

2. 어머니가 일을 하러 가면서 오누이에게 한 말은 무엇이었나요?(   )

① 저녁은 엄마가 오면 같이 먹자. ② 둘이 사이좋게 있어라.
③ 문을 함부로 열어주면 안 된다. ④ 떡을 가져오겠다.

3. 어머니는 왜 발걸음이 가벼웠을까요?

_____

4. 밑줄 친 말을 잘못 바꾼 것은 어느 것인가요? .... (   )

① 눈에 넣어도 아프지 않을 만큼 사랑했어. ➡ 너무나 사랑했어.
② 귀에 못이 박히도록 말했지. ➡ 여러 번 강조해 말했지.
③ 허리가 휘도록 일을 하고 ➡ 매우 힘들게 일을 하고
④ 발걸음이 가벼웠어. ➡ 힘들어서 전천히 걸었어.

월   일   요일   확인

 다음 글을 읽고 알맞은 답을 고르거나 쓰세요.

　어머니가 떡을 이고 어둑어둑해진 산길을 걸어가는데, 첫째 고개를 넘기도 전에 호랑이가 나타났어.

　"떡 하나 주면 안 잡아먹지."

　어머니는 겁이 나 손에 땀을 쥐었어. 무서웠지만 꾹 참고 떡을 한 개 주었어. 두 고개 넘어가니 아까 그 호랑이가 "어흥." 하고 또 나타났어. 호랑이는 또 "떡 하나 주면 안 잡아먹지." 하거든. 어머니는 할 수 없이 떡을 또 줬어. 호랑이는 다 먹고는 어슬렁어슬렁 가버렸어. 세 고개 넘어가니 호랑이가 또 나타나 "어흥, 떡 하나 주면 안 잡아먹지." 하지 뭐야. 결국 남은 떡을 다 털어주었어. 마지막 네 고개를 넘는데 호랑이가 또 나타났어.

　"이젠, 떡이 더 이상 없단다. 우리 아이들이 기다리니 얼른 보내다오."

　하지만 <u>피도 눈물도 없는</u> 호랑이는 어머니를 냉큼 잡아먹었어.

1. 어머니가 첫째 고개를 넘을 때 어떤 일이 생겼나요?

_____

2. 호랑이를 만났을 때 어머니는 어떤 느낌이었을까요?

_____

3. 왜 '<u>피도 눈물도 없는 호랑이</u>'라고 했을까요? ‥ (　　　　　,　　　　　)

　① 떡을 다 주었는데도 어머니를 잡아먹어서
　② 고기를 못 먹어서 피가 부족한 호랑이여서
　③ 인정 없는 잔인한 호랑이라서
　④ 호랑이는 눈물을 흘리지 않기 때문에

다음 글을 읽고 알맞은 답을 고르거나 쓰세요.

　　호랑이는 어머니 옷을 입고, 어머니 머릿수건을 쓰고 아이들이 기
다리는 집으로 갔어.
　　"애들아, 엄마다. 어서 문 열어라."
　　어머니만 목이 빠지게 기다리던 동생은 문을 열려고 했어. 그때
오빠가 동생을 말리며 말했어.
　　"우리 엄마 맞아요? 그런데 목소리가 왜 그래요?"
　　"추운데 고개 넘느라 감기가 들어서 그렇단다. 어서 문 열어라."
　　오빠는 어머니가 갈 때 하던 말이 생각나 이렇게 말했어.
　　"그럼 문틈으로 손을 들이밀어 봐요. 우리 엄마 손인지 보게."
　　호랑이는 부엌에 가서 밀가루를 바르고는 문틈으로 앞발을 쑥 들
이밀었어. 만져보니 털은 부숭부숭, 발톱은 뾰족뾰족했어. 깜짝 놀
란 오누이는 뒷문으로 나가 우물가 버드나무 위로 올라갔어.

1. 호랑이는 왜 어머니 옷을 입고 어머니 머릿수건을 썼을까요?

　_____

2. 오빠는 엄마인지 확인하려고 호랑이에게 어떻게 하라고 했나요?

　_____

3. 호랑이는 왜 부엌에서 밀가루를 발랐을까요? … (　　　　 ,　　　　)

　　① 엄마손처럼 부드럽게 보이려고　　② 아이들에게 수제비를 해주려고
　　③ 엄마손처럼 하얗게 보이려고　　　④ 밀가루를 좋아해서

4. 호랑이를 보고 깜짝 놀란 오누이는 어떻게 했나요?

　_____

다음 글을 읽고 알맞은 답을 고르거나 쓰세요.

 이리저리 오누이를 찾던 호랑이는 우물 속에 비친 오누이의 얼굴을 보고 우물 속으로 들어가려고 했어. 이 모습을 본 여동생은 깔깔거리고 웃었어. 그제야 호랑이는 오누이가 나무 위에 있는 것을 알았어.
 "얘들아, 거기 어떻게 올라갔니?"
 "손에다 참기름을 바르고 올라왔지."
 오빠가 말했어. 호랑이가 참기름을 잔뜩 바르고 나무 위로 오르려고 하니 계속 미끄러졌어. 한 발 잡고 미끄러지고, 두 발 잡고 미끄러지고 하다 엉덩방아를 찧었지. 그 모습을 본 여동생이 배꼽을 잡고 웃다가 이렇게 말했지 뭐야.
 "바보 같으니, 도끼로 콩콩 찍어서 올라오면 되잖아!"
 "<u>누워서 떡 먹기군.</u>"
 호랑이는 얼른 도끼를 가져와 쿵쿵 찍으며 나무 위로 성큼성큼 올라왔어.

1. 호랑이는 오누이가 나무 위에 있는 것을 어떻게 알았나요?

 <u>여동생이</u>

2. 오빠는 왜 참기름을 바르고 올라갔다고 거짓말을 했을까요?

 <u>호랑이가 미끄러져서</u>

3. 호랑이가 "<u>누워서 떡 먹기군.</u>"이라고 말한 것은 무슨 뜻일까요? (   )

 ① 떡을 또 먹고 싶다.   ② 아주 쉽게 올라갈 수 있다.
 ③ 같이 누워서 떡을 먹자.   ④ 함께 떡을 만들자.

다음 글을 읽고 알맞은 답을 고르거나 쓰세요.

오누이는 <u>눈앞이 캄캄해져서</u> 하느님께 기도했어.

"하느님, 하느님, 우리를 살려주시려거든 튼튼한 동아줄을 내려주시고, 우리를 죽이시려거든 썩은 동아줄을 내려주세요."

잠시 후 튼튼한 동아줄이 내려와 오누이는 하늘로 올라갔어. 그러자 호랑이도 오누이를 따라서 똑같이 기도를 했어.

"어흥, 하느님. 어흥, 하느님. 저를 살려주시려거든 썩은 동아줄을 주시고, 저를 죽이시려거든 튼튼한 동아줄을 주세요."

호랑이는 오누이 말을 <u>한 귀로 듣고 한 귀로 흘렸는지</u> 엉뚱하게 기도를 했어.

1. '<u>눈앞이 캄캄해졌다.</u>'는 것은 무슨 뜻인가요? ⋯⋯⋯⋯⋯⋯ (   )

① 갑자기 앞이 보이지 않았다.   ② 밤이 되었다.

③ 어찌할 바를 몰라 당황했다.   ④ 눈을 가렸다.

2. 호랑이가 나무 위로 올라오자 오누이는 어떻게 했나요? (   )

① 하느님께 튼튼한 동아줄을 내려달라고 기도했다.

② 아래로 뛰어내렸다.   ③ 호랑이를 무찔렀다.

3. 오누이는 결국 어떻게 되었나요?

_____

4. 호랑이가 왜 오누이 말을 '<u>한</u> 귀로 듣고 <u>한</u> 귀로 흘려들었다.'고 했을까요?

⋯⋯⋯⋯⋯⋯⋯⋯⋯⋯⋯ (   )

① 아이들의 기도를 거꾸로 따라 말해서

② 아이들이 기도할 때 귀를 막아서

③ 호랑이는 한 귀만 들려서

④ 아이들의 기도를 잘 듣고 똑같이 말해서

다음 글을 읽고 알맞은 답을 고르거나 쓰세요.

  잠시 후 하늘에서 동아줄이 내려와 호랑이도 오누이를 쫓아 올라 갔어. 오누이는 가슴이 조마조마했어. 그때 호랑이가 잡은 동아줄이 툭 끊어졌어. 호랑이 동아줄은 썩은 동아줄이었던 거지. 호랑이는 수수밭에 떨어졌어. 수숫대가 빨간 것은 그 때 호랑이 궁둥이가 찔려서 그래.

  하늘로 올라간 오누이는 여동생은 해가 되고, 오빠는 달이 되었어. 그리고 어머니는 구름이 돼서 밤낮으로 해와 달이 잘 있는지 지켜본단다. 사람들이 자꾸 쳐다보면 슬쩍 가려주기도 하고 말이야.

1. 호랑이가 쫓아올 때 오누이 마음과 <u>다른</u> 표현은 무엇인가요? (   )

  ① 가슴이 조마조마했다.   ② 손에 땀을 쥐었다.
  ③ 손꼽아 기다렸다.   ④ 눈앞이 캄캄했다.

2. 결국 호랑이는 어떻게 되었나요?

  _____

3. 무슨 이유로 수숫대가 빨개졌다는 전설이 생겼나요? ……… (   )

  ① 호랑이가 떨어져 피가 묻어서
  ② 수숫대는 해를 좋아해서
  ③ 오누이가 수숫대를 빨갛게 물들여서
  ④ 어머니가 호랑이에게 잡아 먹혀서

4. 가끔 구름이 해와 달을 가리는 이유는 무엇이라고 했나요?

  사람들이
  _____

글마중을 다시 읽고 알맞은 답을 쓰세요.

1. 산골 외딴집에 누가 살았나요?

_____

2. 어머니가 일하러 가면서 아이들에게 당부한 말은 무엇이었나요?

_____

3. 어머니는 집으로 돌아오는 길에 어떻게 되었나요?

_____

4. 왜 호랑이는 어머니 머릿수건과 옷을 입고 아이들에게 갔을까요?

_____

5. 오누이는 엄마인지 확인하려고 호랑이에게 무엇을 하라고 했나요?

_____

6. 오누이와 호랑이가 하늘에 뭐라고 빌었는지 연결해 보세요.

오누이 ●	●	살려주시려거든 썩은 동아줄을 주시고, 죽이시려거든 튼튼한 동아줄을 주세요.
호랑이 ●	●	살려주시려거든 튼튼한 동아줄을 주시고, 죽이시려거든 썩은 동아줄을 주세요.

인물의 말이나 행동을 보고 인물의 성격을 〈보기〉에서 골라 써 보세요.

엄마	- "얘들아, 누가 와도 함부로 문을 열어주면 안된다." - 잔칫집에서 일하느라 힘들었지만 아이들에게 떡을 줄 생각에 발걸음이 가벼웠어. - "호랑아, 아이들이 기다리니 얼른 보내다오."
성격	

오빠	- "그럼 문틈으로 손을 들이밀어 봐요. 우리 엄마 손인지 보게." - "나무에 올라오려면 참기름을 바르고 올라와."
성격	

누이동생	- 우물로 들어가려는 호랑이를 보고 여동생은 깔깔거리고 웃었어. 호랑이는 오누이가 나무 위에 있는지 알게 되었어. - "도끼로 콩콩 찍어서 올라오면 되잖아."
성격	

호랑이	- 호랑이는 어머니를 냉큼 잡아먹었어. - "감기가 들어서 그렇단다. 어서 문 열어라." - "하느님, 저를 살려주시려거든 썩은 동아줄을 주시고, 저를 죽이시려거든 튼튼한 동아줄을 주세요. 어흥."
성격	

〈보기〉

꾀가 많다.　　솔직하다.　　어리다.　　잔인하다.　　거짓말을 잘 한다.
똑똑하다.　　침착하다.　　열심히 일한다.　　어리석다.　　용감하다.
아이들을 사랑한다.

글마중에 나오는 재미있는 표현을 배워 보고, 알맞은 뜻과 연결하세요.

〈표현〉

눈에 넣어도 아프지 않다. •

귀에 못이 박히다. •

허리가 휘다. •

손에 땀을 쥐다. •

〈뜻〉

• 어려운 일을 하느라 힘들다.

• 아슬아슬하고 조마조마하다.

• 매우 사랑스럽고 귀엽다.

• 같은 말을 여러 번 듣다.

위에서 어울리는 표현을 골라 다음 문장을 완성하세요.

1. 귀신이 나오는 영화가 너무 무서워 <u>손에 </u>_____

2. 아기가 너무 예뻐서 _____을 것 같았다.

3. 아버지가 돈 버느라 _____ 용돈 좀 아껴 써라.

4. 엄마는 차 조심하라고 _____도록 말씀하셨다.

글마중에 나오는 재미있는 표현을 배워 보고, 알맞은 뜻과 연결하세요.

〈표현〉

가슴이 조마조마하다. •

피도 눈물도 없다. •

배꼽을 잡다. •

목이 빠지게 기다리다. •

〈뜻〉

• 남의 사정을 전혀 봐 주지 않는다.

• 마음이 초초하고 불안하다.

• 아주 많이 기다리다.

• 웃음을 참지 못하고 크게 웃다.

위에서 어울리는 표현을 골라 다음 문장을 완성하세요.

1. 친구가 코믹댄스를 춰서 _____ 웃었어.

2. 전쟁이 나면 _____ 싸우게 된다.

3. 시험이 끝나는 날을 _____

4. 리코더 연주할 때 실수할까봐 _____

낱말 창고

글마중에 나오는 재미있는 표현을 배워 보고, 알맞은 뜻과 연결하세요.

〈표현〉

눈앞이 캄캄하다. •

한 귀로 듣고 한 귀로 흘리다. •

발걸음이 가볍다. •

누워서 떡 먹기 •

〈뜻〉

• 귀담아 듣지 않다.

• 어찌해야 될 지를 몰라 막막하다.

• 매우 쉬운 일을 일컫는 말

• 마음의 부담이 없이 기분이 좋다.

위에서 어울리는 표현을 골라 다음 문장을 완성하세요.

1. 1+1 정도의 계산은 _____ 이다.

2. 엄마 말을 _____? 니 방 좀 치워라.

3. 차비를 깜박 잊고 안 가져오다니 _____

4. 봉사를 마치고 돌아오는 길이라 _____

이야기를 간추리고 친구들 앞에서 맛깔나게 이야기해 보세요.

1 옛날에 깊은 산골에 ----------------------------
하루는 어머니가 아랫마을 잔칫집에 ----------------------------
----

2 어머니가 떡을 이고 산을 넘는데 ------

----

3 호랑이는 어머니 옷을 입고 오누이가 사는 집으로

----

4 오누이는 나무 위에 숨었어. -----------

----

5 호랑이가 올라오자 오누이는 하늘에 빌었어. ----------

----

6 호랑이도 오누이처럼 하늘에

----

7 하늘에서 오빠는 ----------------------

⭐ **어머니 옷을 입고 온 호랑이와 오누이가 어떤 대화를 나누었을지 상상하여 써 보고 실감나게 읽어 보세요.**

장면1. 호랑이와 오누이가 만나는 장면

호랑이는 어머니 옷을 입고 오누이를 잡아 먹으려고 오누이가 사는 집으로 간다. 호랑이는 어머니의 말투를 흉내 내며 쉰 목소리로 말한다.

호랑이 : 얘들아, 엄마 왔다. 어서 문 열어라.

오빠 : 으응, 이상한데…. _____

호랑이 : 그거야 _____

누이동생 : 그럼, 손을 내밀어 봐요.

호랑이는 창호지 문구멍으로 앞발을 쑤욱 내민다.

오빠 : 으응, 이상한데…. _____

호랑이 : 그거야 _____

누이동생 : 그럼 발을 내밀어 봐요.

호랑이는 문틈으로 뒷발을 쑤욱 내민다.

오빠 : 으응, 이상한데…. _____

호랑이 : 그거야 _____

오누이는 호랑이 말에 깜빡 속아서 문을 열어준다.

나무 위로 올라간 오누이와 호랑이는 어떤 대화를 나누었을까요?
재미있게 다시 써 보고 실감나게 읽어 보세요.

장면2. 나무 위에 있는 오누이를 잡으려는 호랑이

오누이는 후다닥 방에서 뛰어 나와 우물가 높은 나무 위로 올라간다. 호랑이는 구석구석을 뒤진다.

호랑이 : 아니, 이 녀석들이 어디 갔지? 방에도 없고, 뒷간에도 없고, 헛간에도 없네.

호랑이 : (우물에 비친 오누이를 보며) 옳지!

_____

호랑이 : (신이 나서 우물가를 돌며) 요놈들을 무엇으로 건질까?

누이동생 : (웃음을 터뜨리며) _____

호랑이 : 으응, 너희들 거기 있었구나! (나무 위로 기어오르려고 하는데 자꾸

미끄러지며) 얘들아, 너희들은 _____

오빠 : 손이랑 발에 _____

호랑이는 참기름을 바르고 나무에서 쭈르르 미끄러져 엉덩방아를 찧는다.

누이동생 : (깔깔깔 웃으며) 이런 바보! _____

호랑이 : (도끼를 쾅쾅 찍어 올라가며) _____

오누이는 벌벌 떨며 호랑이를 피해 나무 꼭대기로 올라간다.

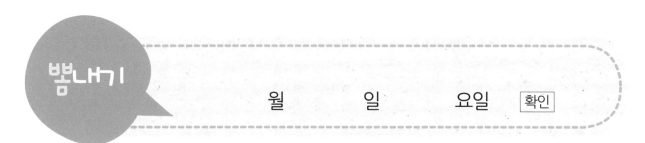

 여러분이 주인공이라면 호랑이가 쫓아오는 상황에서 어떤 소원을 하늘에 빌고 싶은가요?

인물의 행동이 달랐다면 이야기가 어떻게 되었을지 내 생각을 써 보세요.

주인공의 행동이 달랐다면	어떻게 되었을까?
만약 엄마가 호랑이에게 떡을 주지 않고 재빨리 도망갔다면?	

주인공의 행동이 달랐다면	어떻게 되었을까?
만약 오누이가 엄마인 줄 알고 바로 문을 열어주었다면?	

주인공의 행동이 달랐다면	어떻게 되었을까?
만약 호랑이에게 나무를 올라오는 방법을 알려주지 않았다면?	

주인공의 행동이 달랐다면	어떻게 되었을까?
만약 호랑이가 "저를 살리시려면 튼튼한 동아줄을 내려주세요."라고 기도했다면?	

누이동생은 해가 되고 오빠는 달이 되었습니다. 그런데 처음에는 누이동생이 달이었고 오빠가 해였다고 합니다. 왜 누이동생과 오빠는 해와 달을 바꾸었을까요? 이야기를 꾸며 써 보세요

하늘로 올라간 오누이는 해와 달이 되었단다.

처음에 누이동생은 밤에 떠 있는 달이 되고 오빠는 낮에 떠 있는 해

가 되었지. 하지만 누이동생은 밤에 혼자 있는 것이 무서웠어.

누이동생: 오빠 난 달이 되기 싫어요.

오빠 : 왜 그러는데?

누이동생: 밤이 너무 _____

오빠: 그럼 이렇게 하자. _____

누이동생: 이젠 무섭지는 않은데 사람들이 자꾸 봐서 부끄러워요.

오빠: 그래? 그럼 햇빛을 _____

그래서 우리는 햇빛이 너무 강해 똑바로 쳐다볼 수 없게 되었단다.

문장을 자세히 표현해 봅시다.

★ 풀이말을 <u>문장이나 구로</u> 자세히 표현해 봅시다.

▶ <u>'어찌하다, 어떠하다'</u>를 나타내는 문장이나 구

예) 진수는 **키가 아주 크다**.
　　　　　　　　어떠하다

 '어찌하다, 어떠하다'를 표현하는 문장이나 구에 밑줄을 치세요.

<예시>

이 책은 어떻습니까? ➡ 　이 책은 <u>글씨가 너무 작다</u>.

1. 수줍은 아이는 어찌했습니까?

➡ 　수줍은 아이는 아주 조그맣게 말했다.

2. 우리 집은 어떻습니까?

➡ 　우리 집은 마당이 좁다.

3. 우리 언니는 어떻습니까?

➡ 　우리 언니는 마음이 넓다.

4. 누이동생은 어찌했습니까?

➡ 　누이동생은 깔깔거리며 웃었습니다.

선생님께 한마디　이 단원에서는 '서술절이나 동사구, 형용사구를 포함한 문장을 표현하는 연습을 합니다. 동사구(꽃이 <u>활짝 피었다</u>),형용사구(이 수박은 <u>아주 크다</u>), 서술절(언니는 <u>마음이 넓다</u>)은 서술어 역할을 하는 구나 절을 말합니다.

그림을 보고 알맞은 문장이나 구를 〈보기〉에서 골라 쓰세요.

1. 우리 학교는

2. 이 나뭇잎은

3. 늑대는 돼지 집을

4. 이 음료수는

5. 아빠는 밥을

6. 이 산은

7. 바람 때문에 창문이

8. 우리 할머니는

〈보기〉

주름이 많다.	표면이 거칠다.	마당이 넓다.
와르르 무너뜨렸다.	참나무가 많다.	맛이 없다.
운동장이 좁다.	아주 새카맣게 태웠다.	떨어질 듯이 덜컹거렸다.

〈보기〉에서 알맞은 문장이나 구를 골라 써 보세요.

1. 석희는 나보다

2. 토끼는

3. 기린은

4. 내 동생은

5. 숫사자는

6. 우리 엄마는

7. 할아버지는 무서워서

8. 내 침대는

9. 우리 강아지는

〈보기〉

목이 길다.　　　　갈기가 있다.　　　　잠이 많다.

키가 크다.　　　　매우 부지런하시다.　　　　장난이 심하다.

누나가 쓰던 거다.　　　　눈앞이 캄캄했다.　　　　귀가 길다.

 그림을 보고 여러 가지로 표현해 보세요.

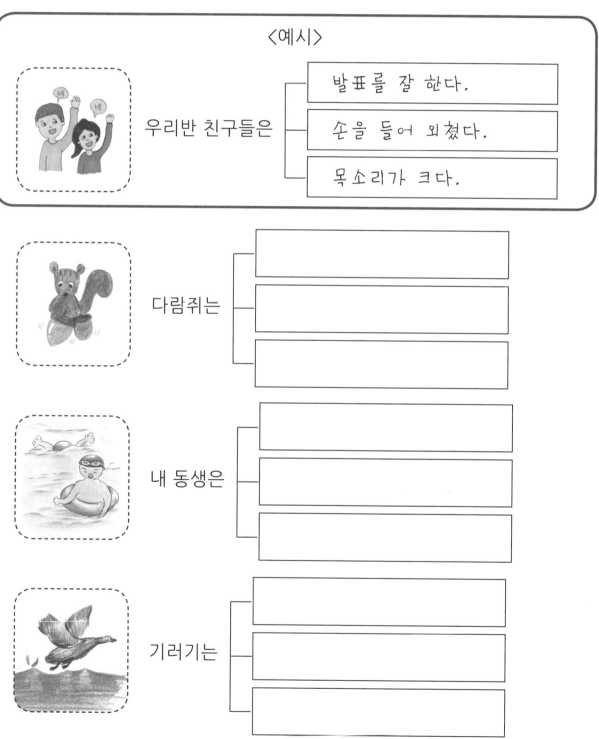

〈예시〉

우리반 친구들은
- 발표를 잘 한다.
- 손을 들어 외쳤다.
- 목소리가 크다.

다람쥐는

내 동생은

기러기는

그림을 보고 자세히 표현해 보세요.

	이 금붕어는	지느러미가
	기린은 원숭이보다	목이
	시금치는	영양가가
	이 계곡은	
	저 새는	노랫소리가
	이 책상은	
	우리 학교 도서관은	
	이 모자는	

우리말 약속

그림을 보고 알맞은 문장을 채워 쓰세요.

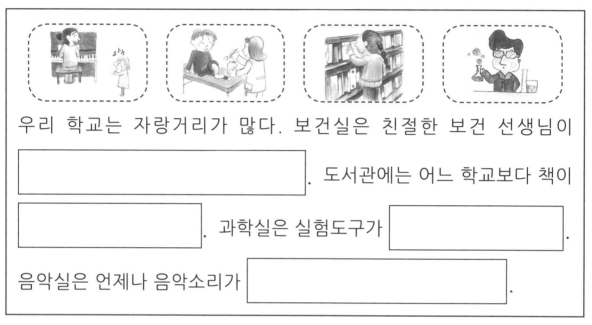

우리 학교는 자랑거리가 많다. 보건실은 친절한 보건 선생님이

_____. 도서관에는 어느 학교보다 책이

_____. 과학실은 실험도구가 _____.

음악실은 언제나 음악소리가 _____.

이야기를 재미있게 완성해 보세요.

호랑이는 어머니 옷을 입고 오누이가 사는 집으로 갔어.

어머니를 기다리던 동생은 문을 _____.

하지만 오빠는 호랑이에게 손을 내밀어 보라고 했어. 그러자 호랑이는

밀가루를 바르고는 손을 _____. 호랑이 손은

_____. 오누이는 _____ 버드나무 위

로 도망쳤어.

[선생님께 한마디] 풀이말을 구나 문장으로 자세히 표현하기 위한 것입니다. 문장을 다양하게 표현하기 위한
학습이므로 풀이말을 자세히 쓰지 않더라도 내용과 문법에 맞게 쓰면 허용해 주세요.

방귀쟁이 며느리

아주 먼 옛날 어느 산골 배나무 과수원 집에 새로 며느리가 들어왔어. 며느리는 얼굴이 동글동글 복스러운데다 부지런해서 온 동네 사람들이 입에 침이 마르도록 칭찬을 했지.

그런데 한 달이 지나고 두 달이 지나면서 며느리 얼굴이 점점 누렇게 뜨더니 아주 메줏덩이가 되었어. 시아버지는 며느리가 걱정되어 어디 아프냐고 물었지. 며느리는 머뭇머뭇 한참을 망설이다 얼굴을 붉히며 대답했어.

"실은……. 친정집에서는 맘 놓고 방귀를 뀌었는데 시집 온 뒤로 꾹꾹 참았더니……."

시아버지는 너털웃음을 터뜨렸어.

"허허허, 방귀 좀 뀐다고 누가 뭐라느냐? 이제 맘 놓고 뀌어라."

그러자 며느리가 말했어.

"제 방귀가 좀 센지라……. 그럼 아버님은 기둥을 잡고 계세요. 어머님은 솥뚜껑을 잡고 계시고요, 당신은 문고리를 꽉 잡으세요."

며느리는 식구들에게 단단히 이른 다음 마침내 참았던 방귀를 마음껏 뀌었어.

"뿌우우웅! 뿌앙! 빵! 빠앙!"

며느리가 냅다 방귀를 뀌니까 기둥이 흔들흔들, 솥뚜껑이 들썩들썩, 문짝이 덜컥덜컥, 난리가 났어. 며느리가 또 한 방 뿌우웅 뀌니까 시아버지는 기둥을 끌어안고 오르락내리락, 시어머니는 솥뚜껑을 그러쥐고 빙글뱅글, 신랑은 문고리를 움켜쥐고 들락날락, 아주 야단이 났지.

엄청난 방귀 바람에 식구들은 마당으로, 담장 밖으로 나동그라졌어. 며느리는 누렇게 떴던 얼굴이 환하게 밝아졌어. 하지만 식구들은 모두 어안이 벙벙해서 어쩔 줄 몰랐지.
'이거 저 아이를 계속 데리고 있다가는 무슨 봉변을 당할지 모르겠구나. 그냥 친정에 데려다 주는 게 낫겠어.'
이렇게 생각한 시아버지는 며느리를 친정으로 돌려보내기로 했어.

다음날 시아버지와 며느리가 길을 떠났어. 때는 늦여름이라 날씨가 몹시 더웠어. 고개를 넘고 개울을 건넜더니 땀이 비 오듯 했지. 한참을 걸은 후, 시아버지는 며느리에게 커다란 나무를 가리키며 말했어.

"아가야, 저 나무 그늘에서 좀 쉬었다 가자."

시아버지가 시원한 그늘을 드리우고 있는 나무를 쳐다보다가 혼잣말처럼 중얼거렸어.

"아주 먹음직스럽게 큰 배가 달렸군. 저 놈을 하나 따먹으면 얼마나 시원할까?"

마침 배나무에는 배가 주렁주렁 달려있었어. 하지만 배가 사람의 손에 닿지 않게 높은 곳에 달려있었지.

"아버님, 배를 따 드릴까요?"

"네가 무슨 수로 저 배를 따겠느냐?"

"다 수가 있지요."

며느리는 빙그레 웃으며 배
나무를 등지더니, 방귀를 한
방 내질렀어. 며느리의 방귀
는 커다란 소리를 내며 배나
무를 흔들었지. 그러자 배나
무에 달려있던 배들이 툭툭
떨어졌어. 몇 번 방귀를 더
뀌자 배나무 밑에는 떨어진 배들이 수북했지. 그 모습을
본 시아버지는 입이 떡 벌어져서 아무 말도 못했어.

'허허, 세상에. 방귀 뀌는 재주도 쓸모가 있네.'

그때 지나가던 과일장수가 다가와서 말했어.

"이 배를 모두 댁이 땄나요? 이 배는 맛이 좋기로 첫 손
에 꼽힌답니다. 나무가 너무 높아서 딸 수가 없었는데 이
렇게 많이 따다니. 이 배를 저에게 파십시오."

시아버지와 며느리는 과일 장수에게 배를 팔아 돈을 많
이 벌었어.

'가만, 이렇게 재주
많고 착한 아이를 방
귀 좀 뀐다고 내쫓을
수야 없지.'

시아버지는 며느리를 데리고 다시 집으로 돌아왔어. 집에 도착한 시아버지는 며느리를 앞세우고, 아들과 시어머니와 함께 자기네 배나무 과수원으로 갔어.

"얘야, 어서 배를 따거라."

시아버지의 말을 들은 며느리는 과수원 가에서 뒤로 돌아서더니, 배나무 과수원을 향해 방귀를 뀌기 시작했어.

"뽕, 뽕, 뿌우웅, 뽕!"

방귀를 뀔 때마다 배나무에 달린 배가 투두둑 떨어졌어.

"툭, 툭, 투두둑, 툭!"

방귀 뀌는 소리에 맞춰 배가 떨어지고, 그런 모습을 보며 시아버지, 시어머니, 신랑은 웃음을 터뜨렸어.

그 뒤부터 며느리는 시부모와 남편의 사랑을 받으며 행복하게 잘 살았대. 그리고 해마다 배 수확철이 되면 그 과수원 집에서는 이런 소리가 들려왔대.

"뽕, 뽕, 뿌우웅, 뽕!"

"툭, 툭, 투두둑, 툭!"

"허허허!"

"호호호!"

"하하하!

다음 문장을 읽고 맞으면 ○, 틀리면 X 하세요.

1. 어느 산골 배나무 과수원집에 며느리가 들어왔다.	
2. 며느리는 방귀를 뀌지 못해 얼굴이 점점 예뻐졌다.	
3. 며느리는 방귀를 뀌기 전에 식구들에게 꽉 붙들라고 했다.	
4. 며느리가 방귀를 뀌자 온 집안에 꽃향기가 났다.	
5. 며느리 방귀에 놀란 시아버지는 며느리를 친정에 돌려보내려고 했다.	
6. 배나무에 배가 너무 높게 달려있어서 아무도 배를 딸 수 없었다.	
7. 시아버지가 배를 먹고 싶어 해서 며느리가 나무에 올라가 배를 땄다.	
8. 며느리가 방귀를 뀌어 떨어진 배를 과일장수에게 팔았다.	
9. 시아버지는 며느리가 창피해서 집으로 다시 데려왔다.	
10. 며느리는 방귀를 뀌어 배를 따며 행복하게 살았다.	

 '방귀쟁이 며느리'에는 며느리, 시아버지, 시어머니, 신랑, 과일 장수가 등장합니다. 각자 역할을 정하고, 글마중에서 자신의 대 사를 찾아 밑줄을 긋고 느낌을 살려 읽어 보세요.

월 　　　 일 　　　 요일 　　 확인

 순서에 맞게 그림에 번호를 쓰고 이야기를 꾸며 말해 보세요.

 ①

옛날에 어느 산골 배나무 과수원집에 복스럽고 부지런한 며느리가 들어왔어요.

며느리는 방귀를 뀌지 못해 얼굴이 점점 누렇게 떴어요.

다음 글을 읽고 알맞은 답을 고르거나 쓰세요.

아주 먼 옛날 어느 산골 배나무 과수원집에 새로 며느리가 들어왔어. 며느리는 얼굴이 동글동글 복스러운데다 부지런해서 온 동네 사람들이 입에 침이 마르도록 칭찬을 했지. 그런데 한 달이 지나고 두 달이 지나면서 며느리 얼굴이 점점 누렇게 뜨더니 아주 메줏덩이가 되었어. 시아버지는 며느리가 걱정되어 어디 아프냐고 물었지. 며느리는 머뭇머뭇 한참을 망설이다 얼굴을 붉히며 대답했어.

"실은……. 친정집에서는 맘 놓고 방귀를 뀌었는데 시집온 뒤로 꾹꾹 참았더니……."

1. 며느리는 어떤 사람이었나요?

_____

2. 며느리는 왜 얼굴이 누렇게 떴나요? ┈┈┈┈┈┈┈┈┈┈┈ (   )

① 며느리가 황달병에 걸렸기 때문에
② 며느리가 깜짝 놀라서 얼굴이 노래졌기 때문에
③ 며느리가 차마 방귀를 뀔 수가 없어서 참았기 때문에
④ 며느리 얼굴이 원래 노란색이기 때문에

3. 다음 문장에 담긴 뜻을 바르게 연결하세요.

입에 침이 마르도록 칭찬하다.	•		•	부끄러워서 얼굴이 빨개지다.
얼굴이 누렇게 뜨다.	•		•	계속해서 칭찬을 많이 하다.
얼굴을 붉히다.	•		•	얼굴빛이 누렇게 변하다.

다음 글을 읽고 알맞은 답을 고르거나 쓰세요.

시아버지는 너털웃음을 터뜨렸어.
"허허허, 방귀 좀 뀐다고 누가 뭐라느냐? 이제 맘 놓고 뀌어라."
그러자 며느리가 말했어.
"제 방귀가 좀 센지라……. 그럼 아버님은 기둥을 잡고 계세요.
어머님은 솥뚜껑을 잡고 계시고요, 당신은 문고리를 잡으세요."
그리고 마침내 며느리는 참았던 방귀를 뀌었어.
"뿌우우웅! 뿌앙! 빵! 빠앙!"

1. 시아버지는 왜 너털웃음을 터뜨렸나요? ─────────────── (   )

① 며느리가 병에 걸렸나 걱정했는데 방귀 때문이라니 안심이 되어서
② 며느리가 병에 걸렸다니 안타까워서
③ 며느리가 복스럽게 일도 잘해서
④ 며느리 얼굴이 메줏덩이처럼 누렇게 되어서

2. 며느리가 방귀를 참고 있었던 이유를 나타내는 문장을 찾아 써 보세요.

_____

3. 며느리가 방귀를 뀌기 전에 시아버지, 시어머니, 남편에게 잡고 있으
   라던 물건을 연결하세요.

시아버지   •   •   솥뚜껑

시어머니   •   •   문고리

남편   •   •   기둥

다음 글을 읽고 알맞은 답을 고르거나 쓰세요.

며느리가 냅다 방귀를 뀌니까 기둥이 흔들흔들, 솥뚜껑이 들썩들썩, 문짝이 덜컥덜컥, 난리가 났어. 며느리가 또 한 방 뿌우웅 뀌니까 시아버지는 기둥을 끌어안고 오르락내리락, 시어머니는 솥뚜껑을 그러쥐고 빙글뱅글, 신랑은 문고리를 움켜쥐고 들락날락, 아주 야단이 났지.

엄청난 방귀 바람에 식구들은 마당으로, 담장 밖으로 나동그라졌어. 며느리는 누렇게 떴던 얼굴이 환하게 밝아졌어. 하지만 식구들은 모두 <u>어안이 벙벙해서</u> 어쩔 줄 몰랐지.

'이거 저 아이를 계속 데리고 있다가는 무슨 봉변을 당할지 모르겠구나. 그냥 친정에 데려다 주는 게 낫겠어.'

이렇게 생각한 시아버지는 며느리를 친정으로 돌려보내기로 했어.

1. 며느리가 방귀를 뀌자 무슨 일이 생겼나요?

_____

2. 방귀를 뀌고 난 며느리는 어떻게 변했나요? ·················· (   )

　① 얼굴이 누렇게 떴다.　　　② 얼굴이 환하게 밝아졌다.
　③ 어안이 벙벙했다.　　　　④ 너털웃음을 터뜨렸다.

3. 밑줄 친 '어안이 벙벙해서'와 바꿀 수 있는 말은 무엇인가요?(   )

　① 너무 놀라고 당황해서　　② 너무 슬프고 안타까워서
　③ 너무 아프고 화가 나서　　④ 너무 웃기고 재미있어서

4. 며느리가 방귀를 뀌고 나자 시아버지는 어떤 생각을 했나요?

_____

다음 글을 읽고 알맞은 답을 고르거나 쓰세요.

　　다음날 시아버지와 며느리가 길을 떠났어. 때는 늦여름이라 날씨가 몹시 더웠어. 고개를 넘고 개울을 건넜더니 <u>땀이 비 오듯 했지.</u> 한참을 걸은 후, 시아버지는 며느리에게 커다란 나무를 가리키며 말했어.
　　㉠"아가야, 저 나무 그늘에서 좀 쉬었다 가자."
　　시아버지가 시원한 그늘을 드리우고 있는 나무를 쳐다보다가 혼잣말처럼 중얼거렸어.
　　"아주 먹음직스럽게 큰 배가 달렸군. 저 놈을 하나 따먹으면 얼마나 시원할까?"

1. 시아버지와 며느리는 왜 길을 떠났나요?

　　_____

2. '<u>땀이 비 오듯 했지.</u>'는 무슨 뜻인가요? ⋯⋯⋯⋯⋯⋯⋯ (　　　　　)

　　① 비가 많이 왔다.　　　　② 땀을 많이 흘렸다.
　　③ 땀을 조금 흘렸다.　　　④ 비가 조금 왔다.

3. 밑줄 친 ㉠은 누가 누구에게 한 말인가요?

　　_____ 가 _____ 에게

4. 시아버지가 얼마나 배를 먹고 싶어 하는지 알 수 있는 문장을 찾아 써 보세요.

　　_____

다음 글을 읽고 알맞은 답을 고르거나 쓰세요.

　　마침 배나무에는 배가 주렁주렁 달려있었어. 하지만 배가 사람의 손에 닿지 않게 높은 곳에 달려있었지.
　　"아버님, 배를 따 드릴까요?"
　　"네가 무슨 수로 저 배를 따겠느냐?"
　　"다 수가 있지요."
　　며느리는 빙그레 웃으며 배나무를 등지더니, 방귀를 한 방 내질렀어. 며느리의 방귀는 커다란 소리를 내며 배나무를 흔들었지. 그러자 배나무에 달려있던 배들이 툭툭 떨어졌어. 몇 번 방귀를 더 뀌자 배나무 밑에는 떨어진 배들이 수북했지. 그 모습을 본 시아버지는 입이 떡 벌어져서 아무 말도 못했어.
　　'허허, 세상에. 방귀 뀌는 재주도 쓸모가 있네.'

1. 며느리는 배나무에 달린 배를 따기 위해 어떤 행동을 했나요?

_____

2. 시아버지는 왜 입이 떡 벌어져서 아무 말도 못했나요? ···· (   )
　① 며느리 방귀 냄새가 너무 심하고 독해서
　② 며느리가 방귀를 뀌어 배를 따는 모습이 너무 신기하고 기뻐서
　③ 며느리 방귀 소리가 너무 커서 귀가 멍멍해져서
　④ 며느리가 방귀를 뀌어 배를 따는 모습이 너무 무서워서

3. 시아버지는 며느리가 배를 따는 모습을 보고 어떤 생각을 했나요?

_____

 다음 글을 읽고 알맞은 답을 고르거나 쓰세요.

그때 지나가던 과일장수가 다가와서 말했어.

"이 배를 모두 댁이 땄나요? 이 배는 맛이 좋기로 첫 손에 꼽힌답니다. 나무가 너무 높아서 딸 수가 없었는데 이렇게 많이 따다니. 이 배를 저에게 파십시오."

시아버지와 며느리는 과일 장수에게 배를 팔아 돈을 많이 벌었어.

㉠'가만, 이렇게 재주 많고 착한 아이를 방귀 좀 뀐다고 내쫓을 수야 없지.'

시아버지는 며느리를 데리고 다시 집으로 돌아왔어. 집에 도착한 시아버지는 며느리를 앞세우고, 아들과 시어머니와 함께 자기네 배나무 과수원으로 갔어.

1. 과일 장수는 왜 배를 팔라고 했나요?

_____

2. 시아버지와 며느리는 어떻게 돈을 많이 벌었나요?

_____

3. 밑줄 친 ㉠문장에 나타난 시아버지의 마음은 무엇인가요? (   )

① 슬픔   ② 괴로움   ③ 우울함   ④ 후회

4. 시아버지는 왜 며느리를 다시 집으로 데려왔나요?

_____

다음 글을 읽고 알맞은 답을 고르거나 쓰세요.

"애야, 어서 배를 따 거라."
시아버지의 말을 들은 며느리는 과수원 가에서 뒤로 돌아서더니, 배나무 과수원을 향해 방귀를 뀌기 시작했어.
"뿡, 뿡, 뿌우웅, 뿡!"
방귀를 뀔 때마다 배나무에 달린 배가 투두둑 떨어졌어.
"툭, 툭, 투두둑, 툭!"
방귀 뀌는 소리에 맞춰 배가 떨어지고, 그런 모습을 보며 시아버지, 시어머니, 아들은 웃음을 터뜨렸어.
그 뒤부터 며느리는 시부모와 남편의 사랑을 받으며 행복하게 잘 살았대. 그리고 해마다 배 수확철이 되면 그 과수원집에서는 이런 소리가 들려왔대.
"뿡, 뿡, 뿌우웅, 뿡!"
"툭, 툭, 투두둑, 툭!"
"허허허!", "호호호!", "하하하!"

1. 집에 돌아온 며느리는 어떤 일을 했나요?

_____

2. 소리를 나타내는 말을 보고 어떤 소리인지 연결해 보세요.

"뿡, 뿡, 뿌우웅, 뿡!" •	• 웃음 소리
"툭, 툭, 투두둑, 툭!" •	• 방귀 소리
"허허허!", "호호호!", "하하하!" •	• 배 떨어지는 소리

이야기
돋보기

 그림을 보며 주인공이 어떤 생각을 했을지 써 보세요.

며느리는 얼굴이 동글동글 복스러운데다 부지런해서 온 동네 사람들이 입에 침이 마르도록 칭찬을 했지.		시아버지는 속으로 생각했어. '아주 복스럽고 예쁜 며느리가 들어왔어.'
한 달이 지나고 두 달이 지나면서 며느리 얼굴이 점점 누렇게 뜨더니 아주 메줏덩이가 되었어.		며느리는 생각했어. ' , '
시아버지는 며느리가 걱정되어 어디 아프냐고 물었지.		시아버지는 생각했지. ' , '
엄청난 방귀 바람에 식구들은 마당으로, 담장 밖으로 나동그라졌어.		시아버지는 생각했지. ' , '
시아버지와 며느리는 과일 장수에게 배를 팔아 돈을 많이 벌었어.		시아버지는 생각했지. ' , '

글마중에 나오는 재미있는 표현을 배워 보고, 알맞은 뜻과 연결하세요.

〈표현〉

| 입에 침이 마르도록 칭찬하다. |

| 얼굴이 누렇게 뜨다. |

| 어안이 벙벙하다. |

| 입이 벌어지다. |

〈뜻〉

| 뜻밖에 놀랍거나 기막힌 일을 당하여 어리둥절하다. |

| 어떤 사실을 아주 좋게 자꾸 말하다. |

| 몹시 놀라거나 기뻐하다. |

| 오래 앓거나 굶주려서 얼굴빛이 누렇게 변하다. |

 위에서 어울리는 표현을 골라 다음 문장을 완성하세요.

1. 그 아이는 아파서 <u>얼굴이 누렇게</u>

2. 엄마는 사람들만 만나면 동생을 _____

3. 깜짝 파티에 우리들은 _____

4. 지수는 선행상을 받고 좋아서 _____

뽐내기

옛이야기를 친구들에게 재미있게 들려주고 요약해 써 보세요.

1 옛날 옛날에 산골 배나무 과수원집에 복스럽고 부지런한 며느리가 들어왔대.

2 한 달이 지나고 두 달이 지나면서 며느리 얼굴이 점점 누렇게 뜨더니 아주 메줏덩이가 되었어.

3 시아버지는 며느리에게 방귀를 뀌라고 했지. 며느리는 자기 방귀가 세니까 ----------

----

4 며느리를 친정에 데려다 주다가 배나무 밑에서 쉬게 되었어. 시아버지는 ----------

----

5 며느리가 방귀를 뀌자, _____

----

6 며느리는 과일장수에게 _____

7 시아버지는 며느리를 데리고 ----------

우리말 약속

문장을 자세히 표현해 봅시다.

★ 임자말이나 부림말을 <u>문장이나 구</u>로 자세히 표현해 봅시다.

▶ '<u>누가, 무엇</u>'를 나타내는 문장이나 구

예) 남매는 **엄마가 돌아오기**를 기다렸다.
　　　　　　무엇

 '무엇'을 표현하는 문장이나 구에 밑줄을 치세요.

〈예시〉

그 애는 무엇을 알고 있나요?

➡ 그 애는 스스로 <u>몸이 약하다는</u> 것을 알고 있다.

1. 누가 우리 반 반장인가요?

➡ 저 잘생긴 학생이 우리 반 회장이다.

2. 나는 무엇을 깜박했나요?

➡ 나는 내일 시험이 있다는 것을 깜박했다.

3. 다섯 친구는 무엇을 찾아갔나요?

➡ 다섯 친구는 산 중턱에 있는 외딴집을 찾아갔습니다.

4. 며느리는 시댁에 무엇을 숨겼나요?

➡ 며느리는 자기 방귀가 힘세다는 것을 숨겼습니다.

선생님께 한마디 이 단원에서는 '명사절이나 명사구를 포함한 문장'을 표현해 보는 연습을 합니다. 명사절은 주로 ~기, ~ㅁ, ~ㄴ 것이 붙고, 명사구(<u>저 성실한 아이가</u> 민수이다)는 명사 역할을 하는 구입니다.

월   일   요일   확인

 그림을 보고 알맞은 문장이나 구를 〈보기〉에서 골라 쓰세요.

	진이는 [ ] 을(를) 기도했다.
	민수는 [ ] 을(를) 좋아한다.
	선생님은 [ ] 을(를) 바란다.
	[ ] 은(는) 구급약품이다.
	여동생이 [ ] 을(를) 말렸다.
	명희는 [ ] 을(를) 보았다.
	우리는 [ ] 을(를) 좋아한다.
	강아지는 [ ] 을(를) 깨달았다.

〈보기〉

어머니의 병이 낫기	너희가 싸우지 않기	실수를 했다는 것
냇가에서 고기 잡는 것	엄마와 자전거타기	배낭에 든 것
오빠와 그네 타는 것	할아버지께서 주무시는 것	

〈보기〉에서 알맞은 문장이나 구를 골라 써 보세요.

1. 우리는 [아이가 길을 잃은 것] 을(를) 발견했다.

2. [   ] 은(는) 내 아이스크림이다.

3. [   ] 은(는) 호랑이 궁둥이가 찔려서 그래.

4. 할아버지는 [   ] 을(를) 봤다.

5. 그제야 [   ] 을(를) 깨달았다.

6. [   ] 을(를) 축하한다.

7. 우리는 [   ] 을(를) 바란다.

8. 명지는 [   ] 을(를) 좋아한다.

9. 호랑이는 [   ] 을(를) 기다렸다.

〈보기〉

아이가 길을 잃은 것   손자가 우는 것   동생이 방금 먹은 것
아빠가 일찍 오시는 것   친구가 옳았음   먹잇감이 다가오기
수숫대가 빨간 것   네가 백점 맞은 것   네가 건강해지기

그림을 보고 자세히 표현해 보세요.

	선생님께서 화가 나신 것 을 알게 됐다.
	나는 동생이 을(를) 알고 있었다.
	엄마는 을(를) 만들어놓으셨다.
	선생님은 을(를) 알고 계셨다.
	나는 엄마가 이(가) 싫다.
	우리 엄마는 내가 을(를) 좋아하신다.
	아빠는 동생이 을(를) 지켜보셨다.
	명희는 을(를) 일렀다.

그림을 보고 여러 가지로 표현해 보세요.

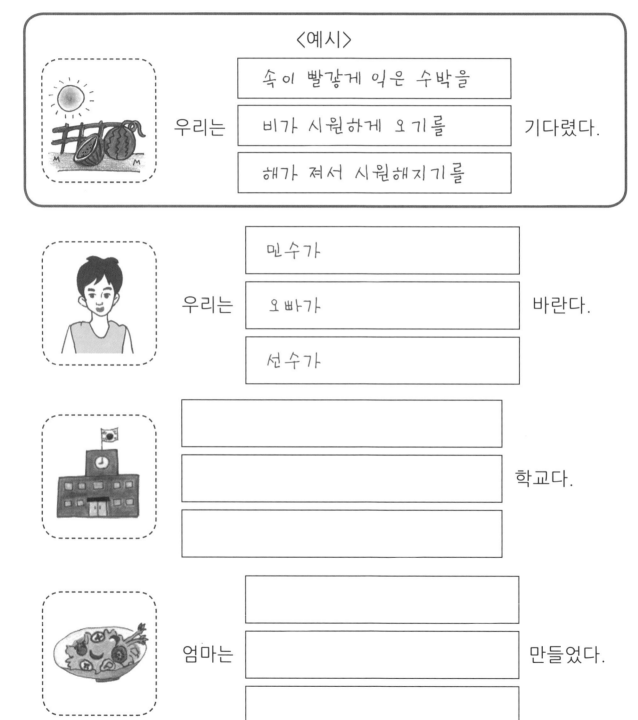

〈예시〉

우리는

| 속이 빨갛게 익은 수박을 |
| 비가 시원하게 오기를 |
| 해가 져서 시원해지기를 |

기다렸다.

우리는

| 민수가 |
| 오빠가 |
| 선수가 |

바란다.

학교다.

엄마는

만들었다.

월   일   요일   확인

 그림을 보고 알맞은 문장을 채워 쓰세요.

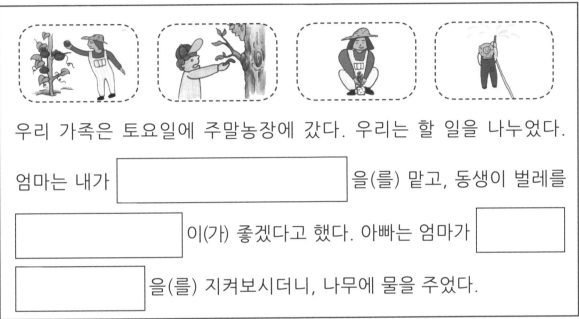

우리 가족은 토요일에 주말농장에 갔다. 우리는 할 일을 나누었다.

엄마는 내가 [   ]을(를) 맡고, 동생이 벌레를

[   ]이(가) 좋겠다고 했다. 아빠는 엄마가 [   ]

[   ]을(를) 지켜보시더니, 나무에 물을 주었다.

 이야기를 재미있게 완성해 보세요.

며느리는 몇 달 동안 [   ]을(를) 참다가 병이 났어. 그러자

시아버지는 마음껏 방귀를 뀌라고 했지. 식구들은 여기저기 붙잡고

며느리가 [   ] 기다렸지. 드디어 며느리가 방귀

를 뀌자 모두 담장 밖으로 나동그라졌어. 시아버지는 엄청난 방귀 때

문에 [   ] 모르겠다고 생각했어.

선생님께 한마디 명사구나 명사절을 써서 문장 채워 넣기를 하는 것입니다. 명사구나 명사절을 쓰지 않더라도 다양하게 문장을 표현하기 위한 학습이므로 내용과 문법에 맞게 쓰면 허용해 주세요.

설문대 할망

옛날 옛날 까마득한 옛날, 제주도에 설문대 할망이란 몸집이 아주 아주 큰 할머니가 살았어. 몸집이 어찌나 크던지 깊은 바다도 무릎밖에 안 찼지. 할머니가 한라산 꼭대기에 앉아 다리를 뻗으면 다리 하나는 북쪽 바다에, 또 다른 다리는 남쪽 바다에 닿았대. 이렇게 긴 다리로 물장구를 치면 태풍이 분 것처럼 물이 높이 솟았다지 뭐야.

하루는 할머니가 한라산에 앉아있는데 꼭대기가 뾰족해서 엉덩이를 쿡쿡 찌르는 거야.

"산꼭대기가 뾰족해서 불편한데. 좀 치워버려야겠어."

할머니는 눈 깜짝할 사이에 한라산 꼭대기에 있는 바위들을 바다로 휙휙 던졌어. 물고기들이 깜짝 놀라서 사방으로 흩어졌지. 이때 할머니가 집어던진 바위들은 섬이 되었고 한라산 꼭대기에는 백록담이 생겼대.

어느 날 비가 주룩주룩 내렸어. 할머니는 산꼭대기에 쪼그리고 앉아 쏴아 오줌을 누었어. 어마어마하게 많은 오줌이 산을 타고 콸콸 흘러내렸지. 사람들은 홍수가 난 줄 알고 피하려고 했어. 근데 물에서 오줌 냄새가 나는 거야. 사람들은 코를 싸쥐고 마구 쏟아져 내려오는 오줌을 피해 이리저리 도망갔어. 오줌 속에 빠져 허우적거리는 사람도 있었지.

"어, 시원하다. 이번엔 빨래를 좀 해 볼까!"

할머니는 입었던 옷을 훌훌 벗어 바닷물에 빨아서 두 손으로 꼭꼭 짜서 탁탁 털었어. 그러자 물방울이 사방으로 튀었지. 사람들은 비가 오는 줄 알고 하늘을 쳐다보며 홍수가 날까 봐 걱정했어.

"빨래를 하고 나니 배가 고프네. 그런데 섬에는 먹을 게 부족하니 바다 건너 육지로 가서 먹을 걸 가져와야겠어."

할머니는 육지로 나들이를 가고 싶었어. 그런데 입을만한 옷이 없었지. 그래서 할머니가 사람들을 불러놓고 말했어.

"내게 명주옷 한 벌만 지어주면, 육지까지 튼튼한 다리를 놓아주지."

제주도 사람들은 귀가 번쩍 뜨였어. 육지와 떨어져 섬에서 사는 것이 여간 불편하지 않았거든.

"좋아요. 우리가 새 옷을 만들어 드리지요."

할머니는 다리를 놓기 시작했어. 사람들은 새 옷을 만들기 시작했지. 그런데 할머니 키가 너무 커서 명주 백 필은 있어야 했어. 사람들은 섬 안에 있는 명주를 모두 모았어. 하지만 안타깝게도 딱 한 필이 모자랐어. 그래서 한쪽 바짓가랑이가 조금 짧은 바지가 만들어졌지. 사람들은 그 옷을 할머니께 드렸어.

"아니, 이런 옷을 어떻게 입어!"

"옷을 엉터리로 만들었으니 나도 그만 손을 떼겠어!"

심통이 난 할머니는 다리 놓는 일을 그만둬 버렸어. 사람들이 몹시 실망했지.

며칠이 지난 뒤에 생각해보니 할머니는 조금 미안한 생각이 들었어. 그래서 사람들을 다시 불렀지.

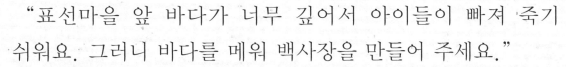

"지난번에는 내가 좀 심했어. 그 대신 다른 소원을 말해봐."

그러자 사람들이 입을 모아 말했어.

"표선마을 앞 바다가 너무 깊어서 아이들이 빠져 죽기 쉬워요. 그러니 바다를 메워 백사장을 만들어 주세요."

그날 밤 할머니는 한라산에서 나무를 뿌리째 뽑아서 바다를 메워 널따란 백사장을 만들었어.

그 뒤로도 할머니는 제주도 사람들에게 여러 가지 좋은 일을 해주었지. 육지에서 일어난 일도 이야기해주고, 바다에서 길 잃은 배들도 구해주었어.

그러던 어느 해, 제주도에 큰 흉년이 들었어. 먹을 것이 없어 사람들은 입에 거미줄을 칠 정도였지. 그래서 할머니는 아무도 모르게 제주도를 떠나갔대. 자기가 남아 있으면 사람들 먹을 것이 모자란다면서 말이야.

다음 문장을 읽고 맞으면 ○, 틀리면 X 하세요.

1. 설문대 할망은 몸집이 무척 크고 힘이 셌다.	
2. 설문대 할망은 울릉도를 만들었다.	
3. 한라산 꼭대기를 떼어내서 천지를 만들었다.	
4. 설문대 할망이 오줌을 누면 사람들은 물장구를 쳤다.	
5. 설문대 할망이 빨래를 하면 사람들은 홍수가 날까 봐 걱정했다.	
6. 설문대 할망은 사람들에게 다리를 놓아주기로 했다.	
7. 사람들은 명주로 설문대 할망이 입을 옷을 만들었다.	
8. 설문대 할망은 제주도와 육지를 잇는 다리를 완성했다.	
9. 설문대 할망은 표선마을 앞에 등대를 만들어 주었다.	
10. 설문대 할망은 제주도 사람들에게 심통만 부렸다.	
11. 흉년이 들자 설문대 할망은 멀리 떠났다.	
12. 설문대 할망은 사람들이 귀찮게 할까 봐 멀리 떠났다.	
13. 설문대 할망은 심통도 부렸지만 사람들을 도와주었다.	

다음 글을 읽고 알맞은 답을 고르거나 쓰세요.

　옛날 옛날 까마득한 옛날, 제주도에 설문대 할망이란 몸집이 아주 아주 큰 할머니가 살았어. 몸집이 어찌나 크던지 깊은 바다도 무릎밖에 안 찼지. 할머니가 한라산 꼭대기에 앉아 다리를 뻗으면 다리 하나는 북쪽 바다에, 또 다른 다리는 남쪽 바다에 닿았대. 이렇게 긴 다리로 물장구를 치면 태풍이 분 것처럼 물이 높이 솟았다지 뭐야.

　하루는 할머니가 한라산에 앉아있는데 꼭대기가 뾰족해서 엉덩이를 쿡쿡 찌르는 거야.

　"산꼭대기가 뾰족해서 불편한데. 좀 치워버려야겠어."

　할머니는 <u>눈 깜짝할 사이</u>에 한라산 꼭대기에 있는 바위들을 바다로 휙휙 던졌어. 물고기들이 깜짝 놀라서 사방으로 흩어졌지. 이때 할머니가 집어던진 바위들은 섬이 되었고 한라산 꼭대기에는 백록담이 생겼대.

1. 설문대 할망에 대한 설명으로 **틀린** 것은 무엇인가요? ⋯⋯ (　　　　)

　① 설문대 할망은 몸집이 어마어마하게 컸다.
　② 설문대 할망은 힘이 셌다.
　③ 설문대 할망은 할아버지다.
　④ 설문대 할망은 제주도를 만들었다.

2. 설문대 할망의 몸집이 크다는 것을 알 수 있는 문장을 찾아 써 보세요.

　────────────────────────────

3. 밑줄 친 '<u>눈 깜짝할 사이</u>'와 바꿔 쓸 수 있는 말은? ⋯⋯⋯⋯ (　　　　)

　① 눈을 감고　　　　　② 매우 빠르게
　③ 눈치를 보며　　　　④ 깜짝 놀라며

다음 글을 읽고 알맞은 답을 고르거나 쓰세요.

  어느 날 비가 주룩주룩 내렸어. 할머니는 산꼭대기에 쪼그리고 앉아 쏴아 오줌을 누었어. 어마어마하게 많은 오줌이 산을 타고 콸콸 흘러내렸지. 사람들은 홍수가 난 줄 알고 피하려고 했어. 근데 물에서 오줌 냄새가 나는 거야. 사람들은 코를 싸쥐고 마구 쏟아져 내려오는 오줌을 피해 이리저리 도망갔어. 오줌 속에 빠져 허우적거리는 사람도 있었지.
  "어, 시원하다. 이번엔 빨래를 좀 해 볼까!"
  할머니는 입었던 옷을 훌훌 벗어 바닷물에 빨아서 두 손으로 꼭꼭 짜서 탁탁 털었어. 그러자 물방울이 사방으로 튀었지. 사람들은 비가 오는 줄 알고 하늘을 쳐다보며 홍수가 날까 봐 걱정했어.

1. 설문대 할망이 오줌을 누자 어떤 일이 생겼나요? ·············· (   )

    ① 오줌을 너무 많이 눠서 호수가 생겼다.
    ② 어마어마하게 많은 오줌에 사람들이 빠져 죽었다.
    ③ 오줌줄기가 너무 세서 사람들은 홍수가 난 줄 알았다.
    ④ 사람들이 할머니 오줌을 모아 약으로 썼다.

2. 사람들은 왜 코를 싸쥐었나요? ·························· (   )

    ① 물에서 오줌 냄새가 나서   ② 콧물이 흘러내려서
    ③ 설문대 할망이 방귀를 뀌어서   ④ 코에 물이 들어갈까 봐

3. 설문대 할망이 빨래를 털자 사람들은 무슨 생각을 했나요?

_____

다음 글을 읽고 알맞은 답을 고르거나 쓰세요.

"빨래를 하고 나니 배가 고프네. 그런데 섬에는 먹을 게 부족하니 바다 건너 육지로 가서 먹을 걸 가져와야겠어."

할머니는 육지로 나들이를 가고 싶었어. 그런데 입을만한 옷이 없었지. 그래서 할머니가 사람들을 불러놓고 말했어.

"내게 명주옷 한 벌만 지어주면, 육지까지 튼튼한 다리를 놓아주지."

제주도 사람들은 <u>귀가 번쩍 뜨였어.</u> 육지와 떨어져 섬에서 사는 것이 여간 불편하지 않았거든.

"좋아요. 우리가 새 옷을 만들어 드리지요."

1. 설문대 할망은 왜 새 옷이 필요했나요?

_____

2. 설문대 할망은 사람들과 어떤 약속을 했나요?

_____

3. 밑줄 친 '귀가 번쩍 뜨였어.'는 무슨 뜻인가요? ·············· (   )

   ① 솔깃했다.   ② 귀가 아팠다.
   ③ 귀를 맞았다.   ④ 귀에 번개가 쳤다.

4. 제주도 사람들은 할머니의 제안을 어떻게 생각했나요? (   )

   ① 할머니가 너무 커서 옷을 만들 수 없다고 생각했다.
   ② 육지와 연결되는 다리를 지어준다고 해서 반가웠다.
   ③ 옷값이 비싸다고 생각했다.

다음 글을 읽고 알맞은 답을 고르거나 쓰세요.

할머니는 다리를 놓기 시작했어. 사람들은 새 옷을 만들기 시작했지. 그런데 할머니 키가 너무 커서 명주 백 필은 있어야 했어. 사람들은 섬 안에 있는 명주를 모두 모았어. 하지만 안타깝게도 딱 한 필이 모자랐어. 그래서 한쪽 바짓가랑이가 조금 짧은 바지가 만들어졌지. 사람들은 그 옷을 할머니께 드렸어.

"아니, 이런 옷을 어떻게 입어!"

"옷을 엉터리로 만들었으니 나도 그만 <u>손을 떼겠어!</u>"

심통이 난 할머니는 다리 놓는 일을 그만둬 버렸어. 사람들이 몹시 실망했지.

1. 이야기 내용과 <u>다른</u> 것은 무엇인가요? .... (   )

① 사람들은 명주로 설문대 할망 옷을 만들었다.
② 섬에서 옷을 만드는데 필요한 명주 백 필을 모두 구했다.
③ 사람들은 한쪽 바짓가랑이가 짧은 바지를 할머니한테 주었다.
④ 할머니는 한쪽이 짧은 바지를 받고 심통이 났다.

2. 사람들이 만들어준 옷을 받고 설문대 할망은 어떻게 했나요? (   )

① 새 옷을 받고 기뻐서 노래를 부르고 춤을 췄다.
② 새 옷이 엉터리라고 기분이 나빠서 오줌을 누었다.
③ 엉터리 옷을 만들었다고 화를 내며 다리 놓기를 중단했다.
④ 심통이 나서 한라산에 있는 바위를 바다에 던졌다.

3. 밑줄 친 '<u>손을 떼겠어!</u>'와 바꿔 쓸 수 있는 말은 무엇인가요? (   )

① 손을 모으겠어.   ② 손이 더러워.
③ 그만 두겠어.   ④ 계속 하겠어.

다음 글을 읽고 알맞은 답을 고르거나 쓰세요.

　며칠이 지난 뒤에 생각해보니 할머니는 조금 미안한 생각이 들었어. 그래서 사람들을 다시 불렀지.
　"지난번에는 내가 좀 심했어. 그 대신 다른 소원을 말해봐."
　그러자 사람들이 입을 모아 말했어.
　"표선마을 앞 바다가 너무 깊어서 아이들이 빠져 죽기 쉬워요. 그러니 바다를 메워 백사장을 만들어 주세요."
　그날 밤 할머니는 한라산에서 나무를 뿌리째 뽑아서 바다를 메워 널따란 백사장을 만들었어.

1. 할머니는 왜 사람들에게 미안한 생각이 들었나요? ……… (　　　　　)

　① 한라산에 있는 바위들을 아무데나 던져서
　② 산꼭대기에서 오줌을 눠서 사람들이 물에 빠지게 해서
　③ 빨래를 탁탁 털어서 사람들이 홍수가 났나 걱정하게 해서
　④ 엉터리 옷을 만들었다고 심통이 나서 다리 놓기를 중단해서

2. 사람들은 왜 설문대 할망에게 백사장을 만들어 달라고 했나요?

_____

3. 밑줄 친 '입을 모아'는 무슨 뜻인가요? ……………… (　　　　　)

　① 다같이　　　　　　　　② 뽀뽀하며
　③ 큰 소리로　　　　　　　④ 입을 다물며

4. 설문대 할망은 어떻게 백사장을 만들었나요?

_____

다음 글을 읽고 알맞은 답을 고르거나 쓰세요.

그 뒤로도 할머니는 제주도 사람들에게 여러 가지 좋은 일을 해주었지. 육지에서 일어난 일도 이야기해주고, 바다에서 길 잃은 배들도 구해주었어.

그러던 어느 해, 제주도에 큰 흉년이 들었어. 먹을 것이 없어 사람들은 입에 거미줄을 칠 정도였지. 그래서 할머니는 아무도 모르게 제주도를 떠나갔대. 자기가 남아 있으면 사람들 먹을 것이 모자란다면서.

1. 할머니가 마을 사람들에게 해준 일이 <u>아닌</u> 것은? ·········· (   )

　① 육지에서 일어난 일을 이야기해줌
　② 바다에서 길 잃은 배를 구해줌
　③ 바다에 백사장을 만들어줌
　④ 육지를 연결하는 다리를 놓아줌

2. 밑줄 친 '<u>입에 거미줄을 치다.</u>'는 무슨 뜻인가요? ········· (   )

　① 거미가 아무데나 거미줄을 친다.　② 배가 고파서 거미를 먹는다.
　③ 먹지 못하고 굶는다.　　　　　④ 입에 거미줄이 생겼다.

3. 할머니는 왜 아무도 모르게 제주도를 떠났을까요?

_____

4. 설문대 할망의 성격과 <u>다른</u> 것은? ············· (   )

　① 사람들을 도와주려고 한다.
　② 사람들에게 심통을 부리기도 한다.
　③ 사람들을 미워하고 이용하려고 한다.
　④ 사람들에게 피해가 갈까봐 걱정한디.

월　　　　일　　　　요일　　[확인]

 인물이 어떤 행동을 한 이유나 결과를 문장으로 써 보세요.

설문대 할망은 ┆ 새 옷을 입고 ┆ 싶어서 육지까지 다리를 놓아주기로 했다.

사람들은 ┆ ┆ 하고 싶어서 설문대 할망에게 새 옷을 만들어주기로 했다.

옷감이 모자라 ┆ ┆ 때문에 설문대 할망은 다리를 놓던 것을 중단 했다.

┆ ┆ 해서 설문대 할망은 제주도를 떠났다.

글마중에 나오는 재미있는 표현을 배워 보고, 알맞은 뜻과 연결하세요.

<표현>

| 〈뜻〉 |

눈 깜짝할 사이   •

귀가 번쩍 뜨이다.   •

손을 떼다.   •

입에 거미줄을 치다.   •

•   몹시 반가운 말을 듣다.

•   먹지 못하고 굶다.

•   하던 일을 그만두다.

•   아주 빠른 시간 동안

 위에서 어울리는 표현을 골라 다음 문장을 완성하세요.

1. 정아는 너무 가난해서 입에 거미줄을 칠 정도였다.

2. 언니가 시험공부를 도와주겠다는 말에 _____

3. _____ 결승선에 도착했다.

4. 더운 날씨에 일하기가 힘들어지자 _____

 설문대 할망이 어떤 옷을 입고 싶어 할지 상상하여 그림을 그리고, 설명하는 글을 적어 보세요

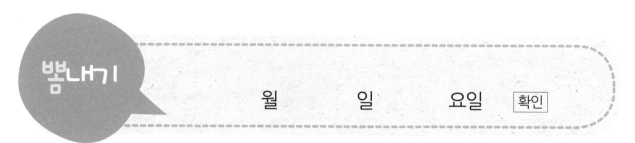
 내가 만약 제주도 사람이라면, 제주도를 떠난 설문대 할망에게
어떤 말을 하고 싶나요? 설문대 할망에게 편지를 써 보세요.

18p. 강진영 시, 「엉뚱한 기훈이」

19p. 강원식 어린이 시, 백창우 곡, 「시는 노래예요」, 『딱지 따먹기』, 초등학교아이들, 보리

25p. 한인현 시, 이흥렬 곡, 「섬집 아기」, 『그림으로 만나는 우리 동시』, 김상욱 엮음, 길벗어린이

32p. 최계락 시, 「꽃씨」, 『그림으로 만나는 우리 동시』, 김상욱 엮음, 길벗어린이

36p. 손광세 시, 「옹달샘」, 『내 마음의 동시 1학년』, 김양숙 엮음, 계림닷컴

38p. 이문구 시, 「개구쟁이 산복이」, 『그림으로 만나는 우리 동시』, 김상욱 엮음, 길벗어린이

45p. 윤귀봉 어린이 시, 백창우 곡, 「비가 온다」, 『예쁘지 않은 꽃은 없다』, 마암분교 아이들, 보리

46p. 오규원 시, 「빗방울」, 『두두』, 문학과 지성사

54p. 이창희 어린이 시, 「매미」, 『학교야, 공 차자』, 김용택 엮음, 보림

55p. 김미혜 시, 「콩벌레」, 『신나는 동시 따먹기』, 창비

65p. 강소천 시, 「닭」, 『호박꽃초롱』, 재미마주

65p. 이일숙 시, 「지렁이」, 『짝 바꾸는 날』, 도토리숲

66p. 이미옥 시, 「모래 맨」, 『시가 말을 걸어요』, 정끝별, 토토북

67p. 김현숙 시, 「내비게이션」, 『빵점 아빠 백점 엄마』, 제8회 푸른문학상 동시집, 푸른책들

74p. 윤원경 어린이 시, 「말」, 『학교야, 공 차자』, 김용택 엮음, 보림

74p. 이장근 시, 「힘센 층」, 『빵점 아빠 백점 엄마』, 제8회 푸른문학상 동시집, 푸른책들

75p. 정다운 어린이 시, 「엄마와 아빠」, 『쉬는 시간 언제 오냐』, 초등학교 93명 아이들, 휴먼어린이

76p. 이일숙 시, 「급식당번」, 『짝 바꾸는 날』, 도토리숲

77p. 이일숙 시, 「생각났다」, 『짝 바꾸는 날』, 도토리숲

85p. 이은규 어린이 시, 「냄비」, 『왜 그랬을까』, 장수하늘소

85p. 김동근 어린이 시, 「선생님을 움직이는 리모컨」, 『벌 서다가』, 초등학교 93명 아이들, 휴먼어린이

86p. 이정주 어린이 시, 「소리도 참」, 『벌 서다가』, 초등학교 93명 아이들, 휴먼어린이

86p. 김선욱 어린이(서울언주초 2학년) 시, 「아슬아슬 도미노」

87p. 김용택 시, 「봄봄봄」, 『콩, 너는 죽었다』, 실천문학사

88p. 문삼석 시, 「빨래줄 매 놓고」, 『1학년이 읽고 싶은 아주 특별한 동시』, 문삼석, 손광세, 손동
     연 공저, 글송이

95p. 채여진 어린이(남양주도곡초 6학년) 시, 「홍시 - 내가 키우는 앵무새」

알고 있는
옛이야기를
써 보세요

책을 마친
소감을
써 보세요